1871

LA REVANCHE DES COMMUNEUX

PAR

J.-B. CLÉMENT

TOME PREMIER

DEUXIÈME ÉDITION

1886-87

JEAN MARIE, 19, FAUBOURG SAINT-DENIS, PARIS

IMPRIMERIE ROBERT

LA
REVANCHE DES COMMUNEUX

CHAPITRE PREMIER

AUX COMBATTANTS DE 1871

I

NOTRE DRAPEAU

Ce n'est pas par amour de l'émeute et des étendards que j'arbore ici le drapeau rouge des revendications sociales qui flotta victorieux pendant plus de deux mois à l'Hôtel de Ville-de-Paris en 1871, après avoir été mitraillé en juin 1848 par les bourgeois multicolores.

Loin de disparaître, il se redresse plus écarlate que jamais après chaque étape de nos luttes sociales.

En juin 48, il tient le haut des pavés ; il flotte, menaçant, sur les barricades construites en un tour de main par les sans-travail et sans-pain réduits à mordre dans les cartouches, dernier coup de dent du désespoir !...

Pendant plusieurs jours, il tient en échec le drapeau des bourgeois qui ont passé par toutes les couleurs de l'arc-en-ciel pour se frayer un chemin au pouvoir en pataugeant dans le sang ouvrier.

En 1871, des tas de pavés il s'élance aux tas de moëllons et de pierres de taille, de la place publique au sommet du Panthéon, des carrefours aux tours de Notre-Dame, de la rue au fronton de l'Hôtel-de-ville !

Il chasse devant lui le *tricolore* qu'on cache piteusement dans son étui et qu'on emporte furtivement à Versailles, en attendant que, pour prendre sa revanche du 18 Mars, on l'arbore à Satory sur le plateau des fusillés.

Ce n'est plus pendant quelques jours, mais pendant plus de deux mois qu'il plane victorieux, non seulement sur Paris, mais sur le monde entier, car on le voit de partout.

Les bourgeois lui ont signé sa feuille de route par les massacres de juin 1848 ; aujourd'hui il est en train de faire son tour du monde.

Et ce n'est pas par fétichisme que nous avons tenu à l'arborer ici.

Nous saurions bien nous passer de drapeau si la paix sociale était faite.

Bien plus, nous serions heureux d'avoir à le remplacer par une branche d'olivier !

Mais la société est encore sur le pied de guerre !

Plus que jamais, les dépossédés sont en droit de légitime insurrection !

Le Prolétariat en est encore à porter le deuil de ses défaites !

On le traite encore en paria, en vaincu !

Enfin, le 14 juillet n'est pas la fête du peuple, la fête de tous, la fête de la *Sociale !*

Le drapeau tricolore entend flotter seul et triomphalement de la mansarde à la Morgue, de la boutique au Mont-de-Piété, de Mazas au palais de Justice, de l'Hôtel-Dieu à la Bourse, de la Préfecture de police au Palais-Bourbon, de la caserne au bagne !

Nous en sommes encore au : *Silence aux pauvres !...*

Nous vivons encore sous le régime de : *Malheur aux vaincus !...*

Or, tant que la justice sociale n'aura pas triomphé, nous nous servirons des cloches pour sonner le tocsin, du drapeau rouge comme signe de ralliement, des tambours pour battre la charge et monter à l'assaut du vieux monde !

II

1871

Ces quatre chiffres dans les plis de notre drapeau en disent plus, pour le peuple, que tous les volumes d'économie politique et sociale qui encombrent les rayons des bibliothèques nationales et autres, et que tous ceux qui attendent dans les arrière-boutiques d'éditeurs le juste sort que la postérité leur réserve.

Ces quatre chiffres signifient : A bas les exploiteurs ! à bas les despotes ! à bas les frontières ! à bas les conquérants ! à bas la guerre !... et vive l'égalité sociale ! vive la paix ! vive la République universelle ! vive l'humanité !

Telle est la signification de ces quatre chiffres, ou pour mieux dire de cet immortel 1871 que nous revendiquons. 1871 est en effet une époque unique dans les tourmentes de l'humanité; une année à part dans l'histoire des siècles.

Ceux qui l'ont maudit et le maudissent encore sont logiques; ils étaient faits pour vivre en l'an 40 et nous en 1871.

La germination extraordinaire des idées nouvelles les surprit et les terrifia : l'odeur de la poudre troubla leur digestion; ils furent pris de vertige, ils ne nous le pardonneront pas.

Certes, 1871 est une date exceptionnelle dans les annales des révolutions; c'est le bouleversement général des idées reçues, des esprits, du temps, de l'almanach; Mathieu Laensberg lui-même ne s'y reconnaîtrait plus.

Pour nous, cette année-là commence le dix-huit Mars, avec la victoire du Peuple, et se termine avec sa défaite, le vingt-huit mai. Elle compte à peine soixante-douze jours, et elle fait la besogne d'un siècle, de plusieurs siècles même !

Elle peut être logiquement divisée en trois périodes : la première, du 1er janvier au 18 Mars, appartient à l'histoire des capitulards; c'est pour ainsi dire un report à 1870, un reliquat de compte qu'ils auront à régler tôt ou tard.

La seconde période du 18 Mars au 28 mai, c'est-à-dire tout 1871, appartient au Peuple, à la Révolution.

La troisième période du 28 mai à la Saint-Sylvestre revient de droit aux Versaillais : c'est la réédition des massacres de Lyon, de la rue Transnonain, de Juin 48, de Décembre 51, revue, corrigée et considérablement augmentée par les soins du sinistre vieillard qui fut l'ordonnateur de ces saturnales sanglantes, parce qu'il était la plus haute expression des sentiments de la classe dirigeante à l'égard de la classe ouvrière.

L'époque que nous revendiquons a fermé à jamais pour la France l'ère des monarchies et des empires, en affirmant l'idée républicaine à la face même des vainqueurs de la France.

Cet acte d'héroïsme et ce dévouement à la République nous coûtèrent une trentaine de mille des nôtres fusillés et massacrés pendant et après le combat sur l'ordre des capitulards de Paris enfuis à Versailles.

Notre 1871, ce n'est point l'année terrible, c'est l'année sublime !... C'est le peuple grand d'audace et de courage qui se soulève contre tout ce qui est inique; contre la capitulation qui est une trahison et une lâcheté; contre l'exploitation de l'homme par l'homme qui est un crime de lèse-humanité; contre la misère qui est contre nature.

1*

Ce n'est pas seulement une lutte engagée pour revendiquer les droits de Paris, pour faire un Paris libre dans une France esclave, pour donner à la grande capitale des grandes révolutions ses franchises municipales.

Nous sommes trop loin d'Etienne Marcel et trop près d'un idéal de justice plus conforme aux idées modernes pour que, dans l'esprit des combattants de la Commune, un Paris libre ne veuille pas dire : Guerre aux monopoles ! Plus de privilèges ! Emancipation de l'humanité ! République sociale universelle !

C'est ce que dit chaque coup de fusil qui part ; c'est ce que porte à l'ennemi chaque balle qu'on lui envoie.

Si 1871 n'a pas eu le temps de résoudre définitivement la question, il l'a au moins bien posée.

On sait maintenant à quoi s'en tenir.

Et si la réaction s'est montrée impitoyable dans la répression, c'est qu'elle savait bien que c'étaient ses privilèges et ses monopoles qu'elle avait à sauver.

Dans l'autre camp, dans celui des vaincus d'un jour, on comprit aussi que ce n'était pas tant pour tuer des hommes que pour tuer une Idée que les bourgeois tuaient à la tâche. 1871 a donc bien posé le principe de la lutte des classes; de là, deux drapeaux en présence.

Et, bien que la réaction s'en soit donné à cœur joie, qu'elle ait amoncelé cadavres sur cadavres, et qu'elle ait cru faire disparaître à tout jamais les traces de ses crimes en enfouissant pêle-mêle les fusillés dans les fosses et dans les tranchées creusées exprès dans les cimetières, elle doit s'apercevoir aujourd'hui qu'elle s'est réjouie trop tôt et qu'elle s'est trompée.

Non, non, ce ne sont donc pas seulement des cadavres, des corps inanimés, des carcasses criblées par les balles qu'elle a voulu enfouir en terre, c'est surtout une Idée !...

Mais quoi qu'elle fasse, il lui sera impossible, avant peu, d'arrêter l'éclosion prodigieuse des grandes semailles de 1871.

III

CE N'EST PAS UNE HISTOIRE

Si j'ai inscrit dans les plis de notre drapeau la date mémorable de notre grande bataille socialiste et donné comme titre à ce travail: *la Revanche des Communeux*, je vais m'en expliquer.

Je n'ai pas eu l'intention d'écrire l'histoire de la Commune.

Mon titre du reste en est la preuve.

C'est un titre de combat, car je considère l'époque que nous traversons comme un armistice.

Les combattants avaient besoin de reprendre haleine et de s'orienter.

Il ne m'appartient pas d'écrire l'histoire de ces soixante-douze jours de tourmente révolutionnaire.

Je suis et veux rester un combattant de ces jours de colère, d'espoir et de déceptions, en même temps qu'un révolté qui ne désarmera que le jour où la cause du droit et de la justice aura triomphé.

On enfouira, je le sais, bien des révoltés dans les oubliettes des cimetières avant d'atteindre ce but, et je serai probablement de ceux-là, mais qu'importe ! Ceux qui luttent aujourd'hui ne se font pas d'illusions. Ils savent parfaitement que leurs efforts ne serviront qu'à déblayer la route et à préparer l'avenir.

Ne pouvant faire mieux et plus vite, ils s'en contentent.

Quant à l'histoire de cette grande époque, elle est encore à écrire malgré les tentatives de quelques hommes de cœur et de talent ; et cela se comprend : les matériaux nécessaires à la construction d'une œuvre de cette importance leur ont manqué et leur manquent encore.

Ceux qui ont pris part à cette révolution, à quelque titre que ce soit, devraient considérer comme un devoir d'écrire ce qu'ils ont vu et pensé, et même de nous donner çà et là un aperçu de leurs impressions.

Ils laisseraient ainsi des documents précieux et deviendraient les collaborateurs de l'homme consciencieux qui, un jour, se mettra à l'œuvre pour construire ce véritable monument historique.

Ce sont ces considérations qui m'ont déterminé à faire ce retour en arrière, à fouiller dans ce passé inoubliable, douloureux à plus d'un titre, pour mettre en lumière des faits ignorés ou dénaturés à dessein, soit qu'ils se rattachent à l'administration de Montmartre, à certaines opérations militaires, aux actes de la Commune, aux derniers jours de la lutte, soit même aux principes de la Révolution.

Que chacun fasse comme moi, ce n'est pas la matière qui manque.

Tout citoyen délégué à l'administration d'un arrondissement s'est trouvé directement en rapport avec le peuple, il en connaît le dévouement, les souffrances, l'honnêteté, je dirai même les scrupules exagérés ; il a pu se rendre un compte exact de la légitimité de ses revendications et du degré de révolutionnarisme où il en était en 1871, alors qu'il avait en son pouvoir la capitale de la France, qu'il en était le maître absolu et qu'il n'avait qu'à ordonner.

Il en est de même des citoyens qui ont dirigé les opérations militaires, et qui, placés à la tête de ces légions pour ainsi dire improvisées, ont pu apprécier la somme de courage et d'abnégation que les fédérés ont mise au service de la cause qu'ils défendaient !

Et, qu'ils en auraient à dire aussi les héros inconnus qui, jour et nuit, firent le coup de feu dans les tranchées ou dans les forts, sous la pluie meurtrière des obus et des boîtes à mitraille, ou dans les rues, mal retranchés derrière les tas de pavés, au sommet desquels flottaient ces drapeaux rouges qui servirent de linceul à plus d'un combattant.

Toutes les barricades ont leur drame ! Il y a tant de coups de fusil qui ont leur histoire.

IV

PLUIE DE PAMPHLETS

Oh ! parbleu ! si l'on écoutait ceux que la moindre réforme épouvante et qu'une révolution fait rentrer sous terre comme des taupes, il est bien évident que tout a été dit sur la Commune, et que l'histoire en est faite.

Les Maxime Ducamp, les Molinari et consorts les ont comblés de joie en faisant de l'histoire comme on fait de l'anatomie dans les abattoirs : en essayant d'achever les vaincus que les policiers avaient manqués, et ceux que les conseils de guerre n'avaient pas, d'après eux, suffisamment frappés.

Ils revendiquèrent ainsi l'honneur sans péril de leur donner le coup de grâce, à la grande satisfaction de leur clientèle, toujours très friande de ce genre d'exploits, pour s'en divertir entre la poire et le fromage.

Aussi les oiseaux de proie de la littérature ne manquèrent-ils pas de s'abattre sur le champ de carnage, sachant bien y trouver leur pâture ordinaire.

La réaction n'avait pas encore achevé son œuvre d'extermination, les conseils de guerre siégeaient dans toute leur horreur ; on fusillait encore au plateau de Satory que, déjà des pamphlets plus ou moins volumineux, signés de noms plus ou moins

connus, poussaient comme des verrues aux vitrines
des libraires.

Et certes, tous ces bouquins qu'on a eu la prétention d'appeler des livres d'histoire, ne sont, en
réalité, que des pamphlets.

Qu'on ne croie pas que ceux qui les ont écrits
aient eu la moindre intention de renseigner leurs
lecteurs sur des hommes et des faits diversement
appréciés ; qu'on ne croie pas qu'ils aient eu un
seul instant le souci de la vérité, non, non! ils n'ont
eu qu'un but : servir à l'appétit des badauds affo-
lés un plat du jour bien épicé et gagner le plus
d'argent possible.

Joli métier !

Et ce sont ces hommes qui, du haut de leurs tré-
teaux, se sont permis de juger les actes et les
hommes de la Commune!... Cherchant par la
calomnie et le mensonge à entretenir les vengeances
de la réaction, ils ont, à l'abri des baïonnettes,
imaginé les contes les plus fantastiques, et pour
eux, les révoltés de 1871 n'étaient qu'un ramassis
de vauriens, d'énergumènes sans idées et sans
conviction, de repris de justice, d'ivrognes, de voleurs, d'incendiaires ; leurs femmes étaient des femelles et leurs enfants, des petits.

Ils prennent si bien leurs renseignements, qu'ils
racontent avec force détails, l'exécution d'hommes
qui se portent encore très bien.

Les élucubrations fantaisistes de Ponson du
Terrail ne sont rien en comparaison des romans
qu'ils brodent.

Ils vont jusqu'à signaler ceux qui ont échappé

aux massacres et sur lesquels la police n'a pas mis son grappin — un peu plus, ils diraient où on peut les rencontrer et à quelle heure on pourrait les empoigner. — Non contents de leur triste rôle de pamphlétaires, ils se font les pourvoyeurs des mouchards qui arrêtent en bloc, des conseils de guerre où l'on juge à coups de sabre et du plateau de Satory qui suinte le sang.

Le temps passe, la lumière se fait: ils ne prennent même pas la peine de se disculper auprès de ceux dont ils ont exploité la crédulité et palpé les gros sous, des erreurs qu'ils ont commises volontairement.

Mais il est vrai que tout aurait été à refaire dans ces pamphlets, depuis le titre, qui est un mensonge, jusqu'à la dernière ligne, qui est une calomnie.

Il faut un fier tempérament, j'en conviens, pour avaler la lecture de ces élucubrations écœurantes ; et cependant, combien il serait à désirer que le peuple eût le temps et la patience de les lire et de n'en rien oublier ! quel enseignement pour lui ! Comme il verrait le peu de cas qu'on fait des souffrances qu'il endure et du mal de misère dont il meurt ! Comme il se convaincrait qu'il y a réellement dans la société actuelle deux classes en présence qui s'observent, se menacent, parce qu'elles ont des intérêts bien distincts; que l'une de ces classes se sépare de l'autre avec mépris, la traitant de vile populace et la considérant comme tellement inférieure qu'elle la condamnerait volontiers au régime alimentaire des bêtes de somme si elle ne redoutait les ruades de quelques-uns.

Oui, c'est en parcourant ces élucubrations-là, bien plus qu'en parcourant les usines, que les travailleurs acquerraient la certitude que ceux qui vivent à leurs dépens se flattent d'appartenir à une classe supérieure qui a droit à ce raffinement de jouissance, de luxe, de plaisir et de bien-être auquel la classe dite inférieure ne saurait aspirer, sans être rappelée de suite, et par la force, à l'humble condition dans laquelle ils ont intérêt à la maintenir.

J'en suis convaincu : si les travailleurs savaient l'opinion qu'on a d'eux dans le monde des dirigeants et des parasites, les plus beaux ornements de la classe soi-disant supérieure, les plus soumis même jetteraient un cri d'indignation et ne voudraient pas courber l'échine un jour de plus.

Ils se redresseraient, et les autres, ceux de la classe *hors concours* verraient bien alors qu'ils ont à compter avec des hommes !

V

APRÈS LECTURE

Il est bien entendu que je ne compte pas au nombre de ces fougueux pamphlétaires, les citoyens courageux, qui, à peine échappés aux massacres versaillais, se sont hâtés, dans les misères de l'exil, de répondre aux calomniateurs de la Commune et de ses combattants.

Ceux-là n'ont pas calculé d'avance les bénéfices qu'ils pourraient tirer du travail honnête et consciencieux qu'ils entreprenaient, tout en ayant à résoudre le problème difficile de la vie quotidienne.

C'est, inspirés par le sentiment du devoir et de la vérité, et sous le coup encore des rudes émotions de la lutte et de la défaite, que le citoyen Arthur Arnould écrit l'*Histoire populaire et parlementaire de la Commune de Paris;* — le citoyen Lissagaray l'*Histoire de la Commune de 1871;* —le citoyen Lefrançais, l'*Etude sur le mouvement communaliste;* — et le citoyen B. Malon, la *Troisième défaite du Prolétariat français.*

Si ces livres, qui peuvent être considérés comme des livres d'histoire, ne sont pas, à ce point de vue, absolument complets, c'est parce que, comme je l'ai dit, les matériaux ont fait défaut à leurs auteurs ; mais au moins, outre un talent incontestable, il s'en dégage un sentiment d'honnêteté, un respect de la vérité et une conviction que nul ne saurait nier.

Non seulement les citoyens Arthur Arnould, Lefrançais et B. Malon, tous les trois, membres de la Commune, se gardent bien de récriminer et d'accuser, mais encore ils acceptent, dans leur livre, la responsabilité des faits accomplis, d'actes qu'ils ont désapprouvés alors qu'ils siégaient à la Commune, et contre lesquels ils ont protesté au péril de leur vie, aux heures suprêmes de la bataille des rues.

En écrivant, à mon tour, non pas une histoire de la Commune, mais des Souvenirs se rattachant aux fonctions que j'ai remplies à Montmartre, aux événements auxquels j'ai été mêlé à Belleville et

ailleurs pendant la Semaine sanglante, à la vie difficile et tourmentée des réfugiés à Londres, je n'ai
pas, moi non plus, l'intention de récriminer, d'accuser.

Tous les pamphlets que j'ai lus, y compris les
rapports et les dépositions indigestes de l'*Enquête
parlementaire* et les *Convulsions de Paris* du con-
vulsionné Maxime du Camp, tous ces pamphlets,
dis-je, où le mensonge, la calomnie, l'espionnage
et la trahison sont érigés en principe, loin de modifier en quoi que ce soit mes appréciations sur les
hommes et sur les faits, n'ont servi qu'à raviver la
sympathie que j'ai toujours eue pour mes compagnons de lutte, et à me faire regretter de n'avoir pu
faire mieux et plus pour la cause de la Révolution.

Qu'un historien, dans l'avenir, ayant à sa disposition tous les documents indispensables, considère
comme un devoir de faire la critique des actes et
des hommes de la Commune, tant au point de vue
administratif qu'au point de vue militaire, il sera
dans son droit et fera même une œuvre utile ; mais
qu'entre nous, nous récriminions et nous criti-
quions, que nous rejetions les uns sur les autres
les fautes qui ont pu être commises, je dis que ce
serait faire une triste besogne.

C'est bien assez que nous ayons eu à nos trousses
des plumitifs à tant la ligne, pour nous dénoncer,
des mouchards pour nous traquer, des juges en
pantalon rouge pour nous condamner, sans que
nous donnions encore à nos ennemis le spectacle
réjouissant de nous déchirer entre nous.

Je vais plus loin; je dis même qu'après tant de

dangers et tant de misères partagés ensemble, qu'après avoir eu les preuves de toutes les conspirations tramées contre nous, des trahisons dont nous avons été les victimes, je me prends quelquefois à regretter les emportements que j'ai eus contre quelques-uns de mes collègues.

Cet aveu paraîtra peut-être un peu platonique à ceux qui pensent qu'il ne faut ni ménager les hommes, ni atténuer les fautes, dans l'intérêt même de l'avenir ou de *la Revanche*, comme l'on voudra. Je suis de cet avis. Mais, je le répète, tout en me réservant le droit d'apprécier tel ou tel acte, tel ou tel décret, je n'entends à aucun prix accuser ou attaquer des hommes avec lesquels j'ai combattu.

Le mieux que je puisse faire, c'est d'accepter avec eux toutes les responsabilités.

VI

MON BUT

Comme on ne saurait prendre trop de précautions pour éviter autant que possible les critiques des pointilleux et les insinuations des mauvaises langues, et que c'est moins pour moi que je les redoute que pour la cause que je défends, je tiens à m'excuser de l'emploi du *je* et du *moi* que je serai bien obligé de faire au cours de cet ouvrage.

Je n'ai nullement l'intention de me mettre en scène pour attirer l'attention des lecteurs. Entièrement dévoué aux principes de la Révolution

sociale, je la sers et la servirai toujours sans intérèt et sans ambition.

Ayant à consigner ici des faits et des événements auxquels j'ai été mêlé, dont il n'a pas encore
été fait mention ou sur lesquels la lumière n'a pas
été suffisamment faite, la langue française, si riche
que la prétendent les quarante immortels, y compris M. Maxime du Camp, qui travaillent, dit-on,
à l'enrichir encore, ne m'a laissé d'autre ressour-
ce que l'emploi de ces détestables pronoms per-
sonnels.

Après tout, sont-ils aussi détestables qu'on se
plaît à le dire, lorsque celui qui en fait usage n'a ni
ambition, ni vanité, et qu'en outre il n'a pas le choix
des moyens?

Ma foi, non. Et du reste je ne m'arrêterai pas plus
longtemps dans la voie des aveux et des explica-
tions.

Dans le parti auquel j'ai l'avantage d'appartenir,
on ne redoute ni les vaniteux ni les ambitieux : s'il
s'en trouvait, on saurait bien les faire rentrer dans
le rang ou les en faire sortir, avec tous les égards
dus à leur sotte prétention.

Ce n'est donc point de ce côté que me viendra la
critique.

Restent maintenant nos adversaires. Eh bien,
ceux-là penseront et diront ce qu'ils voudront; ça
m'est bien égal.

Le but que je me suis proposé en publiant ce
travail, et que je serais heureux d'atteindre, est
bien supérieur aux mesquines questions de personnes.

Ce but, le voici :

Montrer au peuple le profond mépris que professe à son égard le monde des dirigeants, pour qu'il se persuade bien qu'il n'a rien à attendre de ce côté-là et qu'il ne doit compter que sur lui.

Les travailleurs n'ayant ni la possibilité ni le temps de lire les pamphlets et les enquêtes dont j'ai parlé, cette besogne utile je l'ai faite pour eux et je signalerai les passages qu'ils ont intérêt à connaître, à commenter, et à ne pas oublier en temps voulu.

La coterie versaillaise n'a ménagé ni les calomnies ni les injures aux vaincus de la Commune ; c'est bien le moins qu'on les venge un peu. Elle a fait grand bruit de ce qu'on a appelé nos vices, nos orgies, nos défaillances, et que sais-je encore? Il sera curieux d'examiner ce qu'il y a de vrai dans les rabâchages de cette bande de calomniateurs et d'assassins, et de donner en même temps la mesure de leur courage et de leurs capacités.

Et je vous assure que nous aurons souvent à nous divertir à leurs dépens, comme du reste ils l'ont fait aux nôtres.

Si, dans le chapitre précédent, je déclare que je n'entends, à aucun prix, attaquer ni accuser mes compagnons de lutte, soyez sans crainte, je n'aurai pas la même aménité pour les autres.

Ce n'est point pour les ménager que j'ai intitulé cet ouvrage : *La Revanche des Communeux*. J'ai, je vous le promets, la ferme intention de ne pas mentir à mon titre.

C'est une Revanche par la plume en attendant l'autre !

Elle servira à dresser un petit bilan qui ne sera pas sans intérêt.

Mais il ne faudrait pas non plus s'en tenir là. Ce serait une revanche par trop platonique. Il faut surtout que ce travail soit instructif et rempli d'enseignements : Et c'est sur ce point, le plus important de tous, que j'appelle l'attention des combattants de 1871 et de ceux de l'avenir.

Il ne faut plus que les trouées meurtrières, faites dans les rangs du prolétariat, ne servent qu'à consolider la puissance de ceux qui les ordonnent.

Il faut qu'à l'avenir ils apprennent ce qu'il en coûte de répandre le sang des travailleurs.

Il faut que nos morts nous apprennent à vivre, comme il faut que nos défaites nous apprennent à vaincre !

Je suis de ceux qui pensent que c'est bien plus l'éducation que l'instruction qui manque au peuple.

L'instruction, on la lui dispute comme son pain, comme son salaire. Mais l'éducation, comme je la comprends, il pourrait se la donner lui-même.

Éducation qui consiste à avoir le sentiment de la dignité humaine, à se bien pénétrer qu'on a les mêmes droits au bien-être, aux jouissances matérielles et intellectuelles que ceux qui se croient d'une essence supérieure.

Il faut, qu'au jour de la bataille sociale, on sache bien qu'on expose sa vie, non seulement pour faire triompher telle ou telle devise, mais surtout et surtout pour conquérir son droit à l'existence; et, les devoirs remplis, le moyen de donner satisfaction à ses besoins.

Je crois que si, au jour de la grande bataille, ceux qui descendent dans la rue et retroussent leurs manches pour s'aligner en face de leurs adversaires, sont bien pénétrés de ces idées claires comme le jour, qui ne demandent ni de profondes études ni de longs développements, je crois, dis-je, qu'ils auront assez de cœur au ventre et de sang dans les veines pour ne pas abandonner la partie avant de l'avoir gagnée.

Les citoyens qui ont été mêlés aux tourmentes qui agitent la société depuis une quarantaine d'années seront certainement de mon avis.

Il ne suffit pas — et Juin 48, et Mai 1871, nous en ont donné la preuve — d'avoir le cerveau bourré d'excellents arguments, de projets et de solutions plus ou moins économiques; il ne suffit même pas d'être armé jusqu'aux dents, d'avoir à sa disposition des arsenaux, des canons, des mitrailleuses et des munitions, si l'on manque du sens pratique de la Révolution.

Je citerai bien des cas où les combattants de la Commune, traqués et sans espoir d'échapper au massacre, témoignaient encore de leur respect à la propriété et à ce qu'on est convenu d'appeler la légalité.

C'est pourquoi je crois plus que jamais à la nécessité d'organiser les forces révolutionnaires sur le terrain de la lutte des classes, pour ne plus exposer les poitrines ouvrières aux baïonnettes de la bourgeoisie, et qu'on ne livre bataille que le jour où l'on aura toutes les chances de remporter la victoire.

Nos adversaires ne manquent pas d'écrire et de répéter que nous sommes des énergumènes sans idées et que nos aspirations sont toutes matérielles; et ils nous en font un crime! Et il ne leur vient pas à l'idée d'en accuser la nature!

Il y a du vrai dans cette appréciation. Mais ce qu'ils oublient d'ajouter, c'est que c'est absolument pour les mêmes raisons qu'il ne veulent pas se dessaisir des privilèges dont ils jouissent, parce que c'est à l'aide de ces mêmes privilèges qu'ils donnent satisfaction à leurs aspirations également matérielles.

C'est bien au nom de ces exigences très naturelles et très humaines, au nom de l'appétit de l'esprit et de l'estomac, que les dépossédés de ce monde doivent s'organiser, non pas pour recommencer le : *Ote-toi de là que je m'y mette*, de la bourgeoisie en 89, mais pour substituer à l'antagonisme des intérêts et aux luttes de classes, l'égalité sociale !

VII

L'AMNISTIE

« Quelle horreur ! mais c'est l'abomination de la désolation, va dire M. Prudhomme. Quoi ! voilà encore les communards qui reviennent sur l'eau ? Ce n'était donc pas assez d'avoir tous ces journaux

incendiaires qui prêchent quotidiennement le pillage de nos maisons et l'assaut de nos coffres-
forts, voilà maintenant qu'on fait l'apologie du
drapeau rouge et qu'on proclame la *Revanche des
Communeux !*

« Où allons-nous ? C'était bien la peine, en vé ',
d'avoir ouvert à ces gens-là, non pas notre cœ ... il
leur est à jamais fermé, non pas notre porte-
monnaie, ils le videraient, mais ce qui vaut bien
notre cœur et presque notre porte-monnaie, j'entends : les portes de la patrie !

« Est-ce que l'amnistie, par exemple, n'a pas été,
comme l'a dit si éloquemment un illustre orateur
qui revit maintenant dans son immortalité, est-ce
que l'amnistie n'a pas été une mesure d'oubli et
d'apaisement ?... »

Ce que Prudhomme dit dans son jargon
d'arrière-boutique, les Prudhommes qui siègent au
Palais-Bourbon l'ont proclamé solennellement du
haut de la tribune, et les journaux à leur dévotion,
pour les petites raisons qu'on sait, ont fait chorus.

La phrase sacramentelle a fait son tour de France
comme un gai compagnon, et cela dit, il n'y avait
plus qu'à passer l'éponge sur les pavés ensan-
glantés de ce cher Paris, à fouler aux pieds les
bouquets d'immortelles et les couronnes accrochés
au mur du Père-Lachaise, et à les remplacer par
cette épitaphe, écrite pour la circonstance en lettres
tricolores : *Aux assassins de Versailles, les amnistiés reconnaissants !*

Nous vivons à une époque où les plus belles
banalités ont encore le meilleur destin.

J' en appelle à vous, camarades, qui avez fait le coup de feu pendant la Commune avec la conviction de défendre une cause juste ; à vous autres qu'on a envoyés mourir à petit feu en Nouvelle-Calédonie ; à vous, ouvriers laborieux et honnêtes qui avez subi les tortures du bagne, du bagne que vous avez illustré ! A vous enfin, ouvriers de la plume et de l'outil, soldats de la même idée, qui avez enduré l'odieux régime des prisons, les misères de l'exil ; j'en appelle à vous, camarades !

Avez-vous oublié ?

Êtes-vous apaisés ?

L'amnistie décrétée, après un martyrologe de neuf années, a-t-elle été pour vous une révélation ?

Vous a-t-elle persuadés que vous aviez commis un crime en prenant place dans les rangs des révoltés, et que vous n'aviez brûlé de la poudre que pour vous donner la satisfaction de faire un peu de bruit dans le monde et d'empêcher de dormir les heureux ?

Vous a-t-elle démontré que vous aviez mis votre courage, votre intelligence, votre dévouement au service d'une mauvaise cause ; en un mot que vous aviez agi en enfants terribles, à qui il suffisait d'infliger une correction pour les ramener à de meilleurs sentiments ?

Non, n'est-ce pas ?

De deux choses l'une : ou nous avons été de vrais scélérats, ou nous avons été les défenseurs d'une grande cause. Dans le premier cas, on devait nous tuer tous, ou nous laisser croupir soit dans les bagnes, soit dans les prisons, soit en exil ; dans le second cas, on n'avait pas à nous infliger un pardon, mais à solliciter le nôtre.

Eh ! quoi, ce sont ceux qui ont mérité la corde, qui ont la prétention de pardonner ceux qui auraient dû les pendre !

Est-ce que l'amnistie, par exemple, a démontré que la capitulation n'avait pas été préparée de longue date, et que nous aurions commis un crime de lèse-patrie, puisque patrie il y a, en nous insurgeant contre les incapables et les traitres qui avaient livré à la Prusse impériale la France républicaine ?

Est-ce que l'amnistie a prouvé que nous n'étions pas en droit de légitime insurrection contre un ordre social qui assure aux uns tout le bien-être et toutes les jouissances, et condamne les autres à toutes les privations ?

Est-ce que l'amnistie a fait oublier les misères endurées, les humiliations subies, les sacrifices de toutes sortes faits par ceux qui, n'ayant rien à eux dans cette patrie, ne voulaient cependant pas qu'on la trahît, qu'on la vendît, qu'on la mutilât ?

Est-ce que l'amnistie nous a rendu tous ceux, hommes, femmes et enfants qu'on a fusillés et massacrés ?

Est-ce que l'amnistie, par exemple, a ressuscité nos morts ? A-t-elle fait revivre, a-t-elle rendu à leurs familles des milliers de nos camarades enfouis dans les fossés des cimetières par les ordres des amnistieurs ?

Non !... Du reste, l'oubli ne se décrète pas.

Que les bourreaux le demandent, cela se comprend ; mais que les victimes l'accordent, ce serait d'une naïveté par trop évangélique.

Le souvenir de pareilles hécatombes doit, au contraire, se transmettre de père en fils pour préparer la *Revanche*.

C'est ainsi que les bourgeois de 1789, ont pu venger Etienne Marcel et les bourgeois de 1358.

Mais pour cela, il leur a fallu plus de quatre siècles ; ils ont eu le souvenir tenace et nous les en félicitons : la vapeur et l'électricité aidant, nous serons plus expéditifs.

Est-ce que l'oubli qui équivaudrait à une réconciliation est possible ?

Non. Et ceux qui nous le demandent, pensent, au fond, absolument comme nous.

Est-ce que les proscrits de Décembre, amnistiés par l'Empire, ont oublié en rentrant en France ? Ne disaient-ils pas que malgré l'amnistie rien n'était fait puisque l'Empire était encore debout ?

Est-ce que les prétendants amnistiés par la République ont oublié leur prétendu droit à gouverner la France ?

Puis allez donc parler d'oubli aux mères dont on a tué les enfants ; aux veuves restées seules avec trois ou quatre marmots à nourrir ; aux orphelins qui ont grandi se demandant pourquoi l'on avait tué leur père, et quel crime ils avaient bien pu commettre pour être si abandonnés et si pauvres, alors qu'ils voyaient autour d'eux des enfants de leur âge, caressés et choyés, bien vêtus et bien nourris.

Il faudrait, pour oublier, ne plus avoir ni cœur,

ni cervelle : alors on serait bon à mettre dans le trou avec les autres.

Aussi, au nom de ceux qu'on a tués ; au nom des veuves et des orphelins ; au nom des nôtres qui ont souffert dans les bagnes et dans les prisons, comme au nom des principes pour lesquels nous avons combattu, je dis qu'oublier, ce serait déserter la cause de la Révolution !

. . . .

. . . .

Je ne mets pas, comme dit le proverbe, la charrue avant les bœufs, en examinant la question de l'amnistie dans le premier chapitre de la *Revanche des Communeux*.

Mon but, je le répète, n'est pas d'écrire une histoire de la Commune. Je veux simplement dire ce que j'ai vu, ce que je sais des évènements auxquels j'ai été mêlé ; et je tiens surtout à répondre aux calomnies que les réactionnaires de toute nuance nous ont prodiguées.

De là mon titre, et comme je l'ai dit aussi, la *Revanche* par la plume en attendant l'autre.

Je prendrai donc les faits sans me préoccuper des dates, au fur et à mesure que nos calomniateurs, y compris les enquêteurs, me fourniront l'occasion de rétablir la vérité et de leur répondre comme je l'entends.

Mais si l'on croyait que je n'obéis qu'à des sentiments de haine et de vengeance en écrivant ces lignes, on se tromperait. Non, certes, je ne voudrais pas qu'on me supposât capable de la moindre endresse pour ceux qui nous ont si bien mitraillés, mais je ne voudrais pas non plus qu'on pût dire que nous n'avons que de la haine et que nous n'aspirons à une *Revanche* que pour faire, à notre tour, ne hécatombe de 35,000 bourgeois.

Nous avons des projets plus grands et des aspirations plus révolutionnaires.

La *Revanche* que nous préparons, c'est la Revanche du droit et de la justice sur l'oppression et s iniquités, la *Revanche* des exploités sur les xploiteurs. Mais, pour la bien préparer et pour u'elle ne soit plus suivie d'une défaite qui nous oûterait trop cher, plus cher encore que la derière, cela je le maintiens, il faut que nous sachions e dont sont capables nos adversaires, que nous 'oubliions rien du passé, rien des massacres de la 'emaine sanglante, des misères de l'exil, de la déortation, et du bagne.

La crainte d'avoir encore à supporter tant de nisères si l'on survit à la lutte, le souvenir des ôtres massacrés en bloc seront un précieux stiulant pour les combattants au jour de la *Revanche* t contribueront, plus que la poudre peut-être, au riomphe de nos principes, car telle est surtout la *evanche* que nous voulons prendre.

Ça n'est pas pour exhaler des plaintes et faire es récriminations hors de saison, que je parlerai es amnistiés et des misères qu'ils ont endurées vant et après leur retour en France. Fi donc! ce 'est qu'une simple constatation que je ferai et en nême temps ce sera une réponse à ceux qui préndent par trop bénévolement qu'il n'y a pas plus à revenir sur le passé, qu'il n'y a à remuer les cendres éparses des fusillés; en un mot qu'il n'y a plus à parler de la Commune puisque l'amnistie a été proclamée une mesure d'oubli et d'apaisement du haut de la boîte à paroles de l'Assemblée nationale.

J'ai donc tenu à prouver de suite que, malgré l'amnistie, les amnistiés ne pouvaient pas désarmer, que ce soit-disant acte de clémence n'avait pas rendu à la vie ceux qu'on a enfouis dans les trous des cimetières, que cette mesure d'oubli n'avait pas consolé les femmes dont on a fusillé les maris et les enfants, que cette mesure d'apaisement n'avait pas empêché que deux principes ennemis fussent encore en présence.

Rien de plus simple après tout : que ceux qui, dans l'autre camp, ont des morts à pleurer, se souviennent aussi ; que ceux de nos adversaires qui croient à la supériorité de leurs principes, ne désarment pas non plus, ce qu'ils ont le soin de faire, du reste ; et qu'enfin, dans un camp comme dans l'autre, on ne parle plus de s'amnistier.

VIII

APRÈS L'AMNISTIE

Un rapide aperçu de la situation après quinze ans de République et à six ans de l'amnistie, prouvera d'une façon indéniable que les dirigeants n'ont rien fait pour encourager à l'oubli et à l'apaisement, et sera la meilleure conclusion que je puisse donner à ce premier chapitre.

Qu'y a-t-il de changé, je vous le demande, au sort de ceux qui attendent leur pain d'un salaire quotidien ? Ceux-là n'ont-ils pas à supporter encore des crises et des chômages qui les réduisent à la dernière des misères ?

Ne sont-ils pas obligés, comme aux plus mauvais jours de la monarchie et de l'empire, de recourir à tous les expédients pour nourrir leur famille ? Les statistiques ne nous révèlent-elles pas tous les ans que les Monts-de-Piété sont encombrés de petits paquets et d'outils ? Avons-nous oublié qu'en 1879, l'année du grand hiver, il y avait, dans ces mêmes Monts-de-Piété, plus de 80,000 couvertures de lit, et qu'il y en a tous les hivers autant, si ce n'est plus ?

Ne sont-ce pas toujours les mêmes courses effrénées au pain de quatre livres ? Ne s'en va-t-on pas encore, la casquette à la main, et de porte en porte, implorer du travail ? Ne passe-t-on pas par les mêmes privations pour arriver à payer son terme, et n'a-t-on pas à subir les mêmes rigueurs si l'on n'y parvient pas ?

Les capitalistes se montrent-ils moins cruels à l'égard des travailleurs ? La rapacité des hauts-barons de la finance et de l'industrie n'est-elle pas toujours la même ? Le travail a-t-il cessé d'être la vache à lait du capital, et l'actionnaire la sangsue du producteur ?

Les ouvriers ont-ils le droit de se coaliser pour

la défense de leurs intérêts, alors que ceux qui les
exploitent le peuvent impunément?

Ne continue-t-on pas à trancher à coups de sabre la question des grèves? Les lois ne sont-elles
pas toujours en faveur des exploiteurs? La troupe,
la gendarmerie et la police ne sont-elles pas, comme
par le passé, mises à leur disposition pour mâter
les ouvriers?

Les serfs des mines et des hauts fourneaux ont-
ils obtenu quelque amélioration à leur sort? S'ils
réclament, ne sont-ils pas repoussés, la baïonnette
aux reins, ceux-ci dans leurs fosses, ceux-là dans
leurs fournaises?

Ne voit-on plus tous les jours des vieillards sans
asile et réduits à mendier après plus d'un demi-
siècle de labeur et de fatigues? Le nombre des enfants abandonnés, non par des mères sans entrailles, mais par des mères dans la cruelle impossibilité de les nourrir, n'augmente-t-il pas tous les ans?
Les statistiques ne nous fournissent-elles pas la
preuve que les délits et les crimes se multiplient,
que les petits commerçants ruinés par les crises et
par les Grandes Sociétés financières sont, de plus
en plus, réduits à faire faillite? N'y a-t-il pas tous
les jours des désespérés que la misère pousse au
suicide et des milliers de pauvres diables qui meurent de faim lentement, sans le dire, même à l'Assistance publique?

Peut-on faire un pas sans rencontrer les preuves
de l'inégalité la plus révoltante, sans voir ici des
oisifs nonchalamment étendus dans leur somp-
tueux équipage, et là des hommes courbés sous de

lourds fardeaux ou attelés, comme des bêtes de somme, à des voitures à bras?

Mais, en revanche, et comme si nous n'avions jamais eu tant d'hommes illustres dans les arts, dans les sciences et dans l'industrie, comme si la France avait été victorieuse en 1870, et qu'elle n'eût jamais compté tant de héros, jamais, à aucune époque, on n'a vu tant de boutonnières exhiber du ruban.

On sait, du reste, que les flots de sang répandu par les Versaillais pendant les journées de mai 1871, amenèrent une recrudescence de récompenses et de décorations sans précédent dans les annales de ce genre d'inondation.

. . . .

C'est parce que nous déplorons toutes ces monstrueuses iniquités et que nous voulons mettre fin aux misères sans nombre qu'elles engendrent, aux émeutes qu'elles provoquent chez ceux qui en souffrent, que nous n'avons pas désarmé et que nous sommes restés en état de légitime insurrection contre un ordre social que l'amnistie n'a pas eu le don de modifier.

Tous les socialistes révolutionnaires, sans distinction d'école, sont d'accord sur ce point. Mais il faut que les causes de leurs défaites leur servent d'enseignement, et que, tout en conservant leur autonomie et leurs conceptions, ils s'organisent, se groupent et fassent une propagande active par tous les moyens en leur pouvoir, afin d'arriver à mettre en ligne une armée formidable le jour de la grande bataille sociale.

La division qui semble régner parmi nous, et dont nos adversaires se réjouissent bien à tort, n'existe pas en fait. Nous pouvons prouver, l'histoire en main, que malgré leurs divergences d'idées, on a toujours vu les révolutionnaires fidèles au rendez-vous et marcher côte à côte aux heures du danger.

Voilà pourquoi j'ai mis en tête de ce chapitre : *Aux combattants de 1871 !* et pourquoi, plein de confiance dans l'avenir de la Révolution sociale, je le termine en ajoutant : *Aux combattants de la Revanche !*

CHAPITRE II

L'ENQUÊTE PARLEMENTAIRE

I

PARISIENS, DORMEZ TRANQUILLES!...

Une femme d'une trentaine d'années ouvre la fenêtre de sa mansarde située au sixième étage. Elle écoute, et rien de ce qu'elle entend ne l'intéresse.

Elle promène ses regards de la terre au ciel et dit en soupirant: «Tout ça, c'est de la plaisanterie! Il n'y a rien de vrai là-haut et pas grand'chose de bon en bas, j'en ai assez!»

On est à la fin d'octobre, ceux qui n'ont qu'une mauvaise pelure sur le dos et qui n'ont pas mangé à leur faim, grelottent: ils ont déjà l'hiver dans les os.

Avec le froid, les mauvais temps et les nuits qui

2

n'en finissent plus, il va falloir bien des choses dont, après tout, on peut se passer en été. C'est l'éclairage ! c'est le chauffage ! Et que restera-t-il pour avoir du pain ?

Il est à peine cinq heures du matin, et la pauvre femme qui est à sa fenêtre se dit tout cela.

Et quand on en est là, que faire ?

Les uns jettent le manche après la cognée et en arrivent à se moquer du tiers comme du quart, de l'opinion publique et de la correctionnelle.

C'est leur affaire.

Les autres se font un estomac complaisant et une philosophie de circonstance : ils savent se coucher sans souper et rigoler quand l'occasion s'en présente.

Ils ne nous intéressent pas.

Ceux-ci regimbent sous les étreintes de la faim et se révoltent.

Ils sont des nôtres !

Ceux-là ont cessé d'espérer et se tuent.

Nous les saluons !

La femme ferme tranquillement sa fenêtre, prend son enfant, un bébé d'un an, l'enveloppe dans un châle, le serre dans ses bras, sort de sa mansarde sans même en fermer la porte, et descend les six étages sur la pointe des pieds.

Une fois dans la rue, elle se hâte. L'air est vif, elle a des frissons, et le petit lui grelote dans les bras ; elle relève sa jupe et le couvre avec.

Pauvre petit ! Il est dit qu'il souffrira jusqu'au bout.

Elle se glisse le long des maisons du faubourg

pour éviter les regards des quelques passants et des sergents de ville qu'elle rencontre : la pauvre volée a peur qu'on la prenne pour une voleuse !

Toujours trottant, elle va droit devant elle. Elle passe devant une église. Des vieilles femmes ratatinées comme de vieilles bibles en gravissent les marches. Elle s'arrête, puis, reprenant sa course : « A quoi bon ?... soupire-t-elle, je l'ai déjà tant prié ! »

Arrivée aux grands boulevards, elle passe, apeurée, au milieu d'une bande de viveurs ivres et débraillés, poussés, le pied au derrière, par des fillasses dépeignées qui gueulent en chœur le refrain de *Notre-Dame de la Galette.*

Elle passe par les Halles. Le va-et-vient des porteurs, les jurons des paysans, l'encombrement des voitures l'ahurissent, elle presse le pas : « Il y a de tout là, pourtant, dit-elle, ça sent les légumes, la viande, le poisson, les fruits ! comment se fait-il donc qu'il y en ait tant qui meurent de faim ? »

Elle arrive sur les quais, s'arrête au milieu d'un pont, se penche en dehors du parapet, regarde et se sauve en disant : « J'ai peur, c'est trop haut ! »

Elle reprend les quais, cherchant un chemin qui descende à la Seine. De temps en temps, elle recouvre le petit qui ne bouge pas plus que s'il était mort. Du reste il n'en vaut guère mieux.

Elle trouve le chemin et gagne vite le bord de l'eau : « Comme ça, murmure-t-elle, c'est moins haut ! »

Rapidement, elle débarrasse du châle le visage de

l'enfant, l'embrasse fiévreusement en disant:
« Tiens! tiens! tiens! »....

Et ça y est!

. . . .

Le lendemain, un pêcheur de vers de vase ramène
au bout de sa gaffe la mère et l'enfant. Il y a foule
sur la berge. Est-ce un suicide? Est-ce un crime?
Ceux-ci commentent avec des airs graves de juges
d'instruction, ceux-là pleurnichent; les uns plaignent la pauvre femme, les autres la blâment. Le
commissaire de police arrive et l'on part pour la
Morgue, où il n'y a pas toujours une dalle de
vacante pour y exposer le malheureux qui s'est
suicidé.

— Mais, qui peut bien être cette femme? D'où
vient-elle? Pourquoi s'est-elle jetée à l'eau avec son
enfant?

Ce n'est pas assez d'un fait-divers ni d'un procès-verbal à la Préfecture pour satisfaire la curiosité publique. Laissez faire, vous savez bien que la
société tient ses livres. Ne sommes-nous pas enre-
gistrés quand nous entrons dans la vie et quand
nous en sortons, comme les colis aux bureaux des
bagages et comme les moutons à l'abattoir!

Allons, allons :

Parisiens, dormez tranquilles !

Vous aurez votre enquête.

II

GENS DE L'ORDRE, DORMEZ EN PAIX

Communiqué :

« L'identité de la femme qui s'est noyée avec son enfant et dont le cadavre a été retrouvé en aval du pont des Arts, il y a huit jours, n'a pas encore été constatée. Cependant tout porte à supposer que c'est la misère qui a poussé cette malheureuse à cet acte de désespoir. »

Amen !...

Et n'en demandez pas davantage. Ce n'est, après tout, qu'un suicide de plus à enregistrer aux profits et pertes du combat pour la vie.

Et dire qu'il ne vient pas à l'esprit du plus simple des bourgeois, qui se prétend bon enfant, de constater que l'enquête qu'on fait sur un suicidé ne le rend pas à la vie et qu'il serait peut-être plus efficace de chercher de suite s'il n'y aurait pas mieux à faire pour que la misère ne fût plus une cause de suicide pour ses malheureux semblables !

Quand on fait des enquêtes, on n'en saurait trop faire. Et puisqu'on se livre bien à ces travaux d'hercule pour une malheureuse femme et son enfant, il est tout naturel qu'on s'y donne à bras raccourcis quand il s'agit d'une révolution qui avait pour but *de saper dans ses bases l'édifice social !*

A l'aide de ce procédé ou, si l'on préfère, à l'aide de ce mode de renseignements, breveté sans garantie de la vérité et qui, jusqu'ici, semble avoir donné une entière satisfaction aux admirateurs des gouvernants, ceux-ci se sont dit : « Fusillons d'abord et nous verrons ensuite. »

En 1871, ils ont mis ce système en pratique avec un succès qui a dû, de beaucoup, dépasser leurs espérances.

Après les fusillades et les déportations, ils ont compris qu'ils venaient de traverser des évnéements qui occuperaient une place considérable dans l'histoire.

« Le calme revenu, l'ordre rétabli, se sont-ils dit, on nous demandera pourquoi nous avons abandonnné la grande capitale du monde civilisé à cette insurrection barbare.

« Pourquoi nous avons brûlé tant de poudre pour la vaincre, et pourquoi enfin nous avons cru salutaire et moral de fusiller trente et quelques mille insurgés après la bataille.

« Non seulement la génération présente, mais aussi les générations futures seront avides de renseignements relatifs à cette époque extraordinaire.

« Nos arrière-neveux voudront savoir pourquoi la digestion des gens de l'ordre fut si violemment troublée en 1871; pourquoi cette année-là, ceux qui ont l'habitude, à Paris, d'observer leurs devoirs religieux ne purent ni communier, ni faire leurs pâques à leur paroisse habituelle.

« On se demandera pourquoi, après avoir capitulé devant les Prussiens, livré nos places fortes et cédé deux provinces, nous avons retrouvé cette *mâle énergie* qui nous a permis de vaincre l'insurrection et de lui reprendre Paris.

« Il faut que nous laissions des documents savamment coordonnés qui expliquent la nécessité des massacres de Mai ; pourquoi des vieillards et des femmes ont été passés par les armes; pourquoi les représailles des vainqueurs devaient atteindre, jusque dans leurs berceaux, les rejetons des vaincus.

« Il faut qu'on sache ce que valaient les deux cent mille coquins qui composaient l'armée du désordre; quels étaient leurs desseins, et au nom de quelles théories ils avaient l'audace de vouloir bouleverser le monde.

« Cette besogne faite, nous dormirons en paix sans souci des récriminations, sans nous préoccuper des malédictions qui nous poursuivront, et nous descendrons dans la tombe les uns après les autres, l'esprit tranquille et le ventre libre. »

Ainsi soit-il !

Eh bien, pour que ceux qui n'ont pas eu le loisir de consulter ces précieux documents soient à jamais fixés sur les causes de la Révolution de 1871, sur les massacres de la Semaine sanglante et sur les *bonnes intentions* de ceux qui les ont ordonnés et encouragés :

Gens de l'ordre de France et de Navarre, dormez en paix !

Nous allons donner la parole à la Commission d'enquête parlementaire.

III

C'est le lapin qui a commencé

Plus une enquête est officielle et moins elle aboutit.

De même que les enquêtes faites par les Compagnies d'assurances sur la vie et sur tout ce qu'on voudra tournent toujours à leur avantage et, par contre, au détriment des assurés, les enquêtes officielles qu'on a faites jusqu'ici sur les mouvements insurrectionnels n'ont servi qu'à tromper l'opinion publique sur la nature des faits et sur le compte des enquêtés, en ce sens que la conclusion des enquêteurs est toujours la même : C'est le lapin qui a commencé.

Ce qui signifie que la société était en droit de légitime défense et qu'on a bien fait de corriger le lapin.

On s'est livré à ce mode d'investigation lors de la grève d'Anzin, et les serfs des mines sont encore à en attendre les résultats. Lors de la grève de Bessèges, quelques députés, et de l'extrême gauche, je vous ferai remarquer, partirent en guerre, comme M. de Marlborough, et se rendirent, en personne, sur le théâtre même des événements.

Ils purent juger de la misère des mineurs, apprécier leur courage et leur résignation, comparer la triste situation des employés à l'opulence des employeurs.

Ils assistèrent même à des scènes violentes qui faillirent mettre le feu aux poudres, et, néanmoins, ils s'en revinrent à Paris, reprirent leur petit train-train journalier, et l'on n'entendit plus parler de l'enquête.

Les ouvriers sans travail, chargés sur l'esplanade des invalides, maltraités sur la place de la Bourse, repoussés de la place de l'Hôtel-de-Ville, envoient une délégation à l'Assemblée.

Ah! ce jour-là, on eut grand'peur à la parlotte nationale! tout le personnel, la troupe, les questeurs étaient sur pied, et les députés ne tenaient plus sur leurs sièges. On parlait d'envahissement de l'Assemblée, de dynamite dans le fauteuil du président, d'hommes à barbes sinistres et aux yeux verts apostés, çà et là, au dedans et au dehors du Palais-Bourbon.

La délégation fut reçue par les membres les plus influents de l'extrême gauche.

Pour montrer, sans doute, qu'ils n'étaient pas indifférents aux misères des ouvriers sans travail et aux doléances des délégués, ils nommèrent, à bref délai, une commission d'enquête connue sous le nom de : « Commission des 44 », et restée à jamais célèbre par son inutilité.

Les ouvriers les plus connus dans leurs groupes corporatifs et dans leurs chambres syndicales, des militants du Parti socialiste révolutionnaire, furent appelés à *comparaître* devant la commission. On leur posa des centaines de questions, on couvrit de notes des rames et des rames de papier, et, enfin, on fit imprimer un questionnaire qu'on distribua aux intéressés.

Ceux-ci avaient à répondre à des milliers de questions secondaires que des législateurs n'ont pas le droit d'ignorer, et qu'il était facile de résumer en une douzaine au plus.

C'est, on peut le dire, le médecin appelant un malade pour lui demander, non seulement la nature du mal dont il souffre, mais encore le remède à employer pour l'en guérir. Dans ce cas, le malade est bien en droit de répondre vertement à l'illustre docteur : « Mais, ah! ça, que faites-vous donc ici puisque vous en savez moins que moi? »

Quoique faite, on peut le dire, sous le puissant patronage de M. Clémenceau, alors le chef incontesté du parti radical socialiste, cette enquête qui fit grand bruit et donna lieu à tant de critiques méritées de la part des travailleurs, n'en eut pas moins le sort de ses devancières et nous obligea à porter un avortement de plus au compte des enquêtes et des enquêteurs officiels.

En somme, comment, en général, une commission d'enquête est-elle composée? D'hommes qui se moquent pas mal du sort de ceux sur lesquels ils sont appelés à enquêter. On se sert de ce petit moyen pour leur donner un semblant de satisfaction, pour leur faire prendre leur mal en patience ; et, s'ils se plaignent, ça permet de leur répondre : « Mais attendez donc, vous savez bien qu'on s'occupe de vous... On fait une enquête! »

Et ainsi les années se passent. Vous comprenez bien que pour obtenir un résultat d'un questionnaire qui contient des milliers de questions, et auxquelles il faut répondre, ce ne serait pas trop de deux à trois cents ans.

Mais qu'importe! à l'aide de cet ingénieux procédé à l'usage des gouvernements, on pourra enterrer encore bien des générations de mecontents et réprimer bien des r e . oltes.

. . . .

Quant à l'enquête parlementaire sur l'insurrection du 18 Mars, dont j'ai à m'occuper tout particulièrement dans ce chapitre, examinons un peu: on s'est trouvé en présence d'un soulèvement formidable et l'on veut en rechercher les causes, c'est faire supposer qu'on a l'intention d'y remédier.

Or, le bon sens le plus élémentaire voulait que cette commission d'enquête fût composée d'une façon toute spéciale, c'est-à-dire de quelques députés et d'un grand nombre d'individus choisis justement parmi ceux-là mêmes qui avaient pris part au mouvement.

D'après le rapporteur de cette curieuse commission, il y avait un peu de tout parmi les combattants de cette grande coquine de Commune. Il y avait, dit-il, des déclassés, des bourgeois mécontents, des fruits secs du barreau, de la politique, de la littérature et des arts, des ouvriers habiles et des médiocres, et aussi beaucoup de repris de justice.

Eh bien, il fallait mettre dans la commission des

déclassés et des bourgeois mécontents : ceux-ci,
au nom des autres, auraient exposé les causes de
leur fausse situation et de leur mécontentement. Il
fallait leur adjoindre des fruits secs pour les apprécier à leur juste valeur, puis des ouvriers choisis
parmi les habiles et parmi les médiocres pour savoir pourquoi ils avaient fait cause commune. Il
fallait également appeler des repris de justice et
leur dire : « Devant les tribunaux vous ne pouvez
pas toujours vous exprimer librement ; ici, vous le
pouvez, vous le devez, et, sans aucun danger pour
vous ; vous faites partie d'une commission d'enquête qui a pour devoir de se renseigner, de savoir
pourquoi tels ou tels individus sont constamment
en état de révolte contre la société, pourquoi
d'autres commettent des délits et des crimes. »

Il y avait aussi des nobles au service de la
Commune, eh bien, de même que les repris de justice il fallait les appeler et leur demander pourquoi
ils avaient pris les armes contre la classe à laquelle
ils appartenaient.

Mais bah ! savez-vous comment la commission
d'enquête parlementaire sur le 18 Mars était composée ? D'un président, d'un vice-président, de deux
secrétaires, d'un rapporteur général, de onze rapporteurs spéciaux, et de quatorze autres membres ;
total : trente, sur lesquels trente membres il y
avait dix-sept personnages à particules, soit des
comtes, des vicomtes, des marquis, des ducs, et
des barons de ceci et de cela. Les treize autres
étaient des avocats, des médecins, de riches propriétaires. Et voilà !

Et nos adversaires jettent des cris de paon quand nous disons qu'il y a deux classes dans la société, comme s'ils n'en donnaient pas les preuves eux-mêmes en faisant constamment passer par la justice et sous les fourches caudines des milliardaires, des nobles et des capitalistes, les serfs des usines, des mines, des champs, et les meurt-de-faim de partout !

IV

PROFILS A RETENIR

Maintenant pénétrons un instant dans le sanctuaire d'une commission d'enquête, officielle, bien entendu :

Une immense salle bien aérée, ornée de tapisseries aux couleurs sévères, car il faut que tout soit en harmonie avec le caractère des personnages et la gravité de leur fonction. Une table recouverte d'un tapis vert comme dans les cabinets de lecture et les maisons de jeu, et, autour, nos aréopages. A chaque place, un outillage complet : encrier, plume, crayon et main de papier.

Le président doit ouvrir la séance à deux heures, mais il est en retard, il a eu ce matin un accès de goutte au petit doigt du pied gauche : on est prié de l'excuser ; le vice-président le remplace, si toutefois son catharre ne l'a pas retenu chez lui.

Les premiers arrivés se promènent de long en large en attendant les retardataires et causent, les uns de la femme à la mode ou du cheval en vogue, les autres du cours de la Bourse ou de l'événement du jour. On est peu nombreux, mais, ma foi! comme voilà trois heures qui sonnent, on ouvre la séance. Le secrétaire donne lecture du procès-verbal de la dernière séance, on y apporte quelques modifications, on le met aux voix et on l'adopte. On examine ensuite la correspondance, puis quelques documents relatifs à la question à l'ordre du jour. M. le marquis de ... commence à dissimuler une grande envie de dormir ; M. le duc, un bâillement, et M. le comte pense à la mort de Louis XVI. On traîne ainsi jusqu'à quatre heures moins cinq, on lève la séance et l'on se sépare en s'épongeant le front comme si l'on venait de forger un essieu ou d'abattre un chêne.

Citoyennes et citoyens qui trimez dans les mines et dans les manufactures à raison de deux, trois ou quatre francs pour onze et douze heures de travail, représentez-vous une de ces séances, et vous comprendrez, sans effort, le temps et l'argent qu'absorbent les travaux, non herculéens, d'une commission d'enquête parlementaire.

Pour que nous soyons tous bien édifiés sur le caractère et les sentiments des trente personnages qui furent chargés, après les conseils de guerre, de refaire le procès aux communeux, permettez-moi, maintenant, de vous les présenter les uns après les autres.

Nous aurons ainsi une petite collection assez curieuse à laquelle, si vous le voulez bien, nous pourrons donner le titre de : *Profils à retenir.*

La politesse, ou la routine, comme il vous plaira, exige que nous commencions par les *grosses légumes* de la commission.

Voici :

M. DARU. — Pardon, monsieur le comte Napoléon Daru, président ; Daru, par la faute de son père ; Napoléon, par la grâce du premier de ce nom, qui le tint sur les fonts baptismaux, en collaboration de son épouse Joséphine, en l'an impérial 1807. Un pareil parrainage devait singulièrement aplanir, pour lui, les difficultés que les pauvres diables calomniés par l'enquête ont rencontrées sur leur route.

Bien que filleul de l'usurpateur — style Louis XVIII — il entre, en 1832, à la Chambre des pairs par droit d'hérédité. Ce prétendu droit lui tient lieu de capacités. Il sert avec ardeur Louis-Philippe, dit l'homme à la tête en poire.

Louis-Philippe déménage à la cloche de bois, M. le comte, qui n'aime pas à rester à rien faire, adhère, au lendemain de Février, au gouvernement républicain. Toujours avec les vainqueurs contre les vaincus, il pardonne à l'homme du coup d'État, devient vice-président du Corps législatif, décroche un portefeuille de ministre des affaires étrangères — étrangères au peuple surtout. — Il disparaît après le 4 Septembre et reparaît sur l'eau après les désastres de la France et la Commune vaincue.

Il se fait le candidat de la Manche — sans calembour — et tout aussi émerveillés sans doute de ses pirouettes politiques que fiers des immenses propriétés qu'il possède dans leur département, les gogos d'électeurs l'envoient siéger à Versailles, en 1871.

Il s'illustre en votant la validation de l'électiʊr des princes, la suppression des gardes nationales, les fameux traités douaniers, et contre le retour à Paris de l'Assemblée de malheur.

Je crois qu'un pareil président ne déparait pas la commission.

M. PIOU, vice-président. Un nom gai, c'est à la fois un cri d'oiseau et la moitié d'un petit bonhomme d'un sou, comme on dit encore en parlant d'un lignard. Quoique faisant des piou ! piou! désespérés aux échos biographiques, ils sont restés muets à son égard. Ni Vapereau, ni Larousse n'ont cru nécessaire de léguer son dossier politique à la postérité.

M. le comte JOSEPH WETZ de RAINNEVILLE, premier secrétaire, ancien zouave pontifical, décoré par sa sainteté le pape après la bataille de Castelfidardo. Il est commandant des mobiles de la Somme pendant le siège. Élu député en 1871, il passe ensuite au Sénat et en devient un des secrétaires, ce qui indique chez lui un goût prononcé pour ce genre d'exercice. Il vote, en 1877, la dissolution de la Chambre proposée par M. de Broglie. De tels états de services devaient attirer sur lui l'attention des dispensateurs de rubans et de bureaux de tabac : on le fait chevalier de la Légion d'honneur.

Signe particulier : il est l'auteur d'un ouvrage ntitulé : *La femme dans l'antiquité et d'après la morale naturelle.*

M. Paul PANON des BASSYNS, baron de RI-HEMONT, ou la terreur des employés de mai-ies préposés à l'enregistrement des actes civils : euxième secrétaire. Si une commission ordiaire a un secrétaire, c'est bien le moins qu'une 'ommission extraordinaire en ait deux. Fut direceur du chemin de fer d'Orléans; démissionne et n reste un des administrateurs. En 1848, le miistère en fait son candidat, ce qui ne l'empêche as de remporter sa veste. Plus heureux en 1852, est envoyé au Corps législatif par l'arrondisse-ent de Loches où les électeurs n'ont aucune raion pour être plus gras qu'ailleurs. On le bomarde sénateur en 1859 et il devient directeur de la anque foncière, industrielle et commerciale, de ladagascar... Malheur! si j'allais réveiller de dou-ureux souvenirs chez quelques victimes des ups d'État de la finance!
On ne se distingue pas impunément dans un ays de nègres sans avoir des droits exceptionnels u titre de commandeur. Il le devient... dans la .égion d'honneur.

Citoyennes et citoyens, attention! Celui-ci n'est as le personnage le moins considérable de la meuse commission, c'est :

M. Martial DELPIT, le rapporteur général que ai le plaisir de présenter à votre admiration et à votre reconnaissance! sa profession de littérateur, si toutefois c'en est une, lui valut cet excès d'honneur et d'indignité. Natif de Cahuzac (Lot-et-Garonne), et les citoyens de ce département n'en sont nullement responsables, il brigue, mais en vain, la faveur d'un siège à la Constituante en 1848. Les électeurs tenant sans doute à le conserver pour la seule assemblée qui pût utiliser ses précieuses aptitudes, il est élu par la Dordogne, en 1871, à vingt-trois ans de sa première veste.

Les fonctions de rapporteur général de la commission ne suffisant pas à sa gloire, il tient à attacher son nom à une œuvre toute personnelle. Il pond un petit volume sur l'insurrection du 18 Mars, où il se montre tellement partial qu'il soulève les protestations de la presse réactionnaire elle-même. Aussi les électeurs, revenus à de meilleurs sentiments en 1876, laissent le candidat au repos et le bouquin chez l'éditeur.

Nous voici arrivés à la série des rapporteurs spéciaux. Ils sont au nombre de onze : il en manque un pour faire la douzaine.

Et d'un : M. le vicomte Marie-Camille-Alfred de MEAUX, sénateur et ministre à ses heures. Élu en février 1871. Il fut rapporteur du projet sur les préliminaires de paix et sur la suppression de la garde nationale. Quoique ministre de la République, sans qu'on ait eu besoin de lui mettre le portefeuille sous la gorge, il se montre un des adversaires les plus acharnés de la forme républi-

caine comme gouvernement de la France. Du reste,
on ne trahit jamais mieux que lorsqu'on a un pied
dans la place.

Et de deux : M. ROBERT DE MASSY. — Ex-
pédié à Versailles en 1871 par les électeurs de la
première circonscription d'Orléans, célèbre par son
vinaigre et son culte pour Jeanne-d'Arc. Fier de
cette double renommée, il choisit à l'Assemblée la
place que la ville d'Orléans occupe sur la carte de
France : il va tranquillement s'asseoir au centre-
gauche sans chercher à s'illustrer davantage.

Et de trois : M. MÉPLAIN. — Inconnu au bataillon, comme dirait Dumanet. Être rapporteur spécial
d'une commission extra-officielle et n'avoir même
pas les honneurs d'un petit bout de biographie dans
un Vapereau quelconque ! O ingratitude humaine !
J'ai cependant consulté bien consciencieusement
les M et en cas d'erreur les N, et j'affirme n'avoir
pas plus trouvé de *Méplain* que de *Néplain*.

Et de quatre : M. DE CHAMAILLARD. —
Même silence des biographes à l'égard de cet illustre rapporteur. Je ne conteste pas que Chamaillard
soit un nom propre, mais je certifie n'avoir décou-
vert dans le *Larousse* que le nom commun donné à
tout homme querelleur et tapageur. J'ai pensé
qu'une pareille définition ne pouvait s'appliquer
au rapporteur d'une commission chargée de mori-
géner des hommes accusés d'avoir fait un peu trop
de bruit dans le monde.

Et de cinq : Louis-Étienne JARRIT DELILLE...
Assez ! Fils d'un ancien pair de France. Il faut
bien être le fils de quelqu'un quand on n'est pas le
fils de ses œuvres. Maire de Guéret, avocat ; décoré après le coup d'État. Élu en 1871 par les électeurs de la Creuse qui s'en repentirent et jurèrent,
mais un peu tard, qu'on ne les y reprendrait
plus. Il se distingua en votant, des deux mains s'il
avait pu, les préliminaires de paix, les prières publiques, la validation de l'élection des princes,
contre le retour de l'Assemblée à Paris, et cons-
pira contre la République avec les hommes du
16 Mai. Fier de ses exploits, il se repré-
sente aux élections suivantes, mais les électeurs le laissent à ses occupations privées et à
ses prières.

Et de six : M. Étienne VACHEROT. Il a fallu
bien du talent pour faire avaler aux électeurs un
nom qui sonne si mal à l'oreille. Il paraît que le
maire du Vᵉ arrondissement, pendant le siège, est
un philosophe. On ne s'en serait pas douté. C'est
peut-être à ce titre qu'il fut un des trois députés
de Paris qui acceptèrent les préliminaires de paix
et qu'il se rallia au ministère Broglie. Après tout,
c'est une philosophie comme une autre.

Et de sept : Le voilà Nicolas ! Ah, ah ! Nicolas
DUCARRE, de l'Ain. Fut fabricant de toiles
imperméables à Lyon, ce qui, néanmoins, ne le
protégea guère contre les intempéries de la politique. Sa situation de patron, probablement, en fit

un des plus chauds partisans de la loi contre l'Internationale des travailleurs.

Et de huit : M. BOREAU-LAJANADIE. Fut tout particulièrement désigné pour faire partie de cette commission en raison de sa profession de botaniste.

— Il nous faut, lui disaient ses collègues, un homme ayant vos connaissances pour extirper les mauvaises herbes.

Et de neuf : M. le vicomte TIMOTHÉE-ANTOINE-ARTHUR DE CUMONT.

— Devinette : chercher dans ces quatre noms celui qu'il y aurait plus d'inconvenance à retourner que sa veste.

Un des plus chauds partisans de l'infaillibilité du pape.

Et de dix : M. le vicomte LOUIS-LADISLAS-MARIE-MARC DE SAINT-PIERRE... Ouf! Administrateur des chemins de fer du Nord, décoré, cela va sans dire. Bien qu'il n'ait jamais fait de politique militante, les électeurs du Calvados l'envoient en février 1871, à l'Assemblée nationale où, croyant combler les vœux de ses électeurs, il fait de la politique à la mode de Caen.

Et de onze : M. DE LA ROCHETHULON. Une particule et pas de dossier ! A quoi pensent les biographes ? Ils consacrent jusqu'à des deux et trois colonnes au plus vulgaire des Tropmann et ne soufflent pas mot d'un homme qui fut député et rapporteur d'une commission aussi extraordinaire. C'est à vous dégoûter des particules, des hommes et de la politique !

Nous nous arrêtons donc à onze pour les rapporteurs, libre aux lecteurs de prendre dans la commission pour compléter la douzaine; ils n'auront que l'embarras du choix.

Nous passons maintenant aux simples enquêteurs, mais à qui cependant le titre de membre de la commission suffit pour les recommander à l'admiration de leurs concitoyens et surtout à la reconnaissance des Communeux.

M. BOURGEOIS. — Et c'est bien assez. Un médecin, ce qui ne l'empêche pas de lâcher ses malades et de venir s'installer à Versailles en 1871. Il siège à l'extrême droite qu'il ne trouve pas encore assez fleur de lys, et se fait un des compères de la bande Broglie. Chez ce légitimiste sans particule, et dont le nom est tout ce qu'il y a de plus prudhomme, l'apothicaire l'emporte sur le médecin: il se flatte de préparer un bouillon d'onze heures à la République. Assurément il doit être l'inventeur, non pas d'un clyso... mais d'une seringue quelconque.

M. Jules BUISSON, d'écrevisses... Ah! pardon! de Carcassonne. — Vient à Paris à l'âge des illusions avec le projet bien arrêté d'y étudier la gra-

vure et la peinture, ce qui dénotait chez l'enfant de
Carcassonne des sentiments artistiques. L'artiste
ne répondant pas aux espérances de ses compa-
triotes, ils lui font la charge de le nommer député.
Il s'en venge, paraît-il, en votant contre le retour
de l'Assemblée à Paris et demande son transfè-
rement à Carcassonne.

M. Bourgeois, son collègue, qui n'avait pas
encore eu l'occasion de visiter cette ville chantée
par Gustave Nadaud, appuie sa proposition.

Son tempérament d'artiste reprenant le dessus,
il utilise ses petits talents en crayonnant, pendant
les séances de l'Assemblée, les binettes de ses collègues qui bâillent ou roupillent à vingt-cinq francs
par tête.

M. ANATOLE DE COLOMBET, riche proprio de
la Lozère — mais n'en pas conclure que ceux qui
cultivent ses terres soient dans une parfaite
aisance. — Un des remparts de l'extrême droite et
des arcs-boutants de Notre-Dame de la Galette. A
voté toutes les lois réactionnaires. Signataire de
l'adresse au pape et de l'adhésion au *Syllabus*. Se
confesse, et ne manque aucun pèlerinage. Il a voté
l'érection du Sacré-Cœur, le maintien de l'état de
siège, contre la liberté des enterrements et a demandé, entre deux *benedicite*, l'étranglement de
Marianne et le rétablissement, en France, du trône
et de l'autel.

M. EUGÈNE FLOTTARD, publiciste, avocat, et,
ajoutent les biographes : homme politique. Pro-

fession introuvable dans le *Manuel Roret* et, cependant, il paraît que c'est une profession; on
la dit même assez lucrative. Pour plus amples
renseignements, s'adresser à bon nombre de
pensionnaires du Palais-Bourbon et du Musée
des Antiques, lire : le Sénat. Fut président,
vice-président, et re-président de trente-six sociétés d'économie et d'études de ceci et de cela.
De la Chambre des députés, il veut faire un bond
au Sénat et tombe à plat. Entre autres travaux,
il a fait une étude sur le mouvement corporatif
à Lyon et dans le Midi de la France. C'est plus
qu'il n'en faut pour être au moins officier d'Aca-
démie.

M. GANIVET, un avocat d'Angoulême et un
bonapartiste enragé. Grand partisan de l'appel
au peuple, à condition que le peuple ne soit qu'une
machine à *oui* continu.

M. le vicomte ELIE DE GONTAUT-BIRON,
un inconnu que les électeurs des Basses-Pyrénées
improvisent député. A voté les projets de lois les
plus réactionnaires tout en disant qu'il fera de son
mieux pour collaborer à l'établissement de la
République. Il emboîte le pas à Broglie qui l'en
récompense en l'expédiant à Berlin comme ambassadeur.

M. DE LA BASSETIÈRE. — Encore une victime
des biographes, c'est regrettable. Mais, après tout,
à défaut de renseignements plus instructifs, il nous

suffit d'écrire en regard de son nom : *Un membre de la Commission d'enquête parlementaire sur l'Insurrection du 18 Mars.*

M. le duc Sosthène LAROCHEFOUCAULT-BISACCIA. Est-il nécessaire de vous le présenter, citoyens lecteurs, comme un légitimiste irréconciliable? il hait la République et ne s'en cache pas. Ses sentiments à l'égard des institutions républicaines le recommandent tout naturellement aux prodigalités de nos gouvernants, qui le nomment ambassadeur à Londres, où il ne se distingue qu'en donnant des fêtes tellement princières, que le prince de Galles ne dédaigne pas de les honorer de sa présence, tout en trouvant qu'on n'y rigole pas autant que dans les coulisses des théâtres.

Ce n'est pas un foudre d'éloquence, mais il a tout de même ses éclairs d'inspiration. Un jour, il fait à l'Assemblée la proposition suivante :

« *La forme gouvernementale de la France est la monarchie. Le trône appartient au chef de la maison de France.* »

Le bouillant légitimiste compte parmi ses ancêtres un bonhomme qui s'avisa, un jour, de donner une leçon aux gens de sa race; il n'y alla pas par trente-six chemins; il leur dit fort bien en vers ce que nous leur répétons tous les jours en prose. Ce petit quatrain, dont le fond sauve la forme, est tellement d'à-propos encore qu'il trouve très bien sa place ici :

Grands, gardez-vous d'injurier
Le pauvre peuple en vos caprices ;
Vous vivez de ses sacrifices,
C'est votre père nourricier.

M. Henri-Camille MARGAINE, natif de Sainte-Menehould, célèbre par ses asperges et sa charcuterie. Un des fidèles de Gambetta et de ses 363.

M. le comte de MELUN, descendant d'une famille d'échansons, de duchesses, et de gouverneurs de villes qui se seraient mieux gouvernées elles-mêmes. Plus titré, mais moins populaire que les anguilles de Melun.

M. le marquis DUPLESSIS-MORNAY, descendant des seigneurs de Plessis. Il paraît qu'il n'en faut pas davantage pour avoir le droit de faire une enquête sur ceux qui descendent des faubourgs un jour de mauvaise humeur.

M. Louis-Adolphe COCHERY. — Adolphe, comme Thiers, dont il fut l'ami et le complice — voir le joli portrait sur nature que Vaughan en a fait dans son « *Pilori* ».

D'avocat sans clients, il devint un tripoteur de premier ordre. Son nom est attaché à toutes les combinaisons financières qui ont rendu milliardaires les politiciens de la bande à Riquiqui, dont il est un des gros bonnets.

Vaughan montre ce que nous a coûté le passage aux affaires de cet homme qui fut le distributeur en chef de nos lettres et de nos correspondances télégraphiques.

Ce décrocheur de timbales électorales et de porte-feuilles, ce membre de la commission d'enquête, un des plus impitoyables envers les communeux, a voté l'expédition du Tonkin, le maintien d'un ambassadeur près du pape, le maintien du budget des cultes et contre le suffrage universel.

Signe caractéristique: il est plusieurs fois millionnaire.

M. JOHN - ALEXANDRE - EDGAR - DUMAS DE CHAMPVALLIER... Et quoi encore? Le sus dit est un produit exotique, un envoi, par grande vitesse, de Saint-Pierre de la Martinique. Inconnu en France, il trouve le moyen le plus rapide, après la vapeur, de se produire dans le monde: Il lance quelques chevaux de courses et décroche au galop la timbale électorale aux applaudissements des électeurs de la Charente où, depuis quelque temps, heureusement, on semble renoncer un peu au culte des Bonaparte. Naturellement, il vote toutes les lois réactionnaires.

Un jour, un député républicain fait à la Chambre l'éloge des mobiles de la Gironde; il se dresse aussitôt sur ses étriers et s'écrie : « Ça n'était pas des républicains ! » Il s'ensuit une scène de poings en l'air et d'échanges de cartes.

En vaillant sportsman qui ne connaît pas d'obstacle, il retire son expression.

M. le marquis OCTAVIEN DE QUINSONAS, un élu de l'Isère et qui termine on ne peut mieux cette petite collection de « profils à retenir ». Dire qu'il siégea à l'extrême droite, c'est résumer ses votes. Mais il a surtout des droits exceptionnels à occuper une large place dans nos souvenirs : En 1871, il fait partie du corps d'armée du général de Cissey en qualité d'officier d'ordonnance et se distingue particulièrement pendant la Semaine sanglante.

Ses exploits n'étaient probablement pas du goût des électeurs de l'Isère, car aux élections suivantes ils se transforment pour lui en peloton d'exécution : ils le laissent sur le carreau.

. . . .

Et voilà les trente prodiges d'intégrité, d'intelligence et de dévouement à la chose publique à qui l'on confia la mission délicate d'éclairer le monde sur les causes de la Révolution du 18 Mars au point de vue moral, politique et social !

Jolie collection !

V

LE BON DIEU ET LE CITOYEN ÉTIENNE ARAGO

Ça n'est pas, comme on le pense bien, pour répondre seulement au rapporteur et aux membres de cette commission d'enquête que je relèverai les calomnies et les inexactitudes voulues dont le rapport fourmille.

C'est aussi pour répondre à ceux qui les ont colportées à dessein et à ceux que nous tenons à renseigner sur les actes, sur les hommes de la Commune et sur les causes du 18 Mars. Les dix-sept plus ou moins blasonnés et les treize roturiers ou vilains, au choix, que j'ai eu l'honneur de vous présenter, ont été, soyez-en convaincus, les fidèles interprètes des sentiments de la classe dirigeante et des badauds qui se mettent toujours du côté du manche.

Le rapport de M. Delpit commence comme un sermon de prédicant : à peine a-t-il répandu sur le papier quelques lignes de son crû qu'il s'en va faire une excursion dans le domaine d'un homme d'Etat, pour lui emprunter les paroles suivantes pleines de consolation pour l'avenir et en particulier pour la classe laborieuse :

« Il n'est pas donné à la science de réprimer l'anarchie dans les âmes ni de ramener au bonheur et à la vertu les masses égarées : il faut à de telles œuvres des puissances plus universelles et plus profondes : Il y faut Dieu et le malheur. »

Que pensez-vous de ces niaiseries? Et, allez dire que M. Guizot, en écrivant ces lignes, s'est montré un des *panaris* les mieux réussis de son époque il y a encore des gens que vous ferez tomber en syncope.

M. Delpit qui ne veut pas se laisser damer le pion par M. Guizot se hâte d'ajouter : « Le malheur ne nous a certes pas manqué, et Dieu, vous le savez, messieurs, ne manque jamais qu'à ceux qui l'abandonnent. »

Il paraîtrait alors que nous nous sommes bien

2·

mal comportés envers Dieu, car, quoiqu'on prétende qu'il protège la France, il est impossible de nier qu'en 1870 ses préférences n'aient pas été pour la Prusse.

En effet, et comment expliquer ses duretés à notre égard? La France n'est-elle pas restée le sanctuaire des dogmes de la religion catholique très discutés en Allemagne, ce qui est un acte de rébellion, puisqu'il est dit que nous devons croire et ne pas discuter.

N'est-ce pas aussi en France que l'immaculée conception et autres mystères funambulesques comptent encore le plus d'adeptes, alors que la plus grande majorité des sujets de l'empereur Guillaume n'y croit plus?

Il faudrait donc en conclure, d'après M. Delpit, qu'à son tour, le bon dieu est devenu frondeur, qu'il n'a plus de tendresse que pour les hérétiques, qu'il n'avait pas Napoléon III en odeur de sainteté et que l'empereur Guillaume est son benjamin?

Pour un bon dieu, c'est du joli!

Tout cela est tellement niais qu'il semble inutile d'y répondre! et pourtant ne sommes-nous pas encore gouvernés, bridés, mâtés, fusillés même, au nom de toutes ces balivernes-là, et n'est-il pas nécessaire de faire remarquer combien il est ridicule, à notre époque, de voir que des hommes qui se prétendent sérieux osent encore promener ainsi le bon dieu, la croix et la bannière à travers des événements aussi considérables?

Plus loin il dit: « que la révolution radicale et

socialiste avait failli éclater le 4 Septembre et que la Commune aurait pu être établie dès ce jour-là à l'Hôtel de Ville si les sectaires y fussent arrivés à temps. Devancés par les députés de Paris, ils commencèrent dès lors à conspirer et à préparer le mouvement du 18 Mars. »

Eh bien, si les sectaires, arrivés à temps, au contraire, avaient été écoutés par le peuple, ils auraient, avec avantage, remplacé leur bon dieu, car la Commune, proclamée *ce jour-là*, aurait sauvé la France, tandis que les hommes providentiels de la Défense nationale l'ont perdue avec l'aide de leur dieu.

Malheureusement, oui, les éternels donneurs d'eau bénite et les illustres de 48 étaient à l'Hôtel de Ville en même temps que ceux qu'ils appellent les sectaires et, comme toujours, les travailleurs se laissèrent prendre à leurs beaux discours, à leurs promesses, à leurs protestations de dévouement à la République et aux classes laborieuses.

Je raconterai plus tard comment Vermorel et moi, nous nous trouvions à l'Hôtel de Ville dans l'après-midi du 4 Septembre après notre sortie de la prison de Pélagie.

Vermorel, qui n'était guère sentimentaliste, et moi qu'on accuse de l'être un peu, nous éprouvâmes une certaine émotion en pénétrant dans la Maison Commune.

Il y avait sur la place une foule sympathique et enthousiaste qui rappelait les grands jours de la Révolution. On commentait dans les groupes les nouvelles de nos désastres, la lâcheté de l'homme de Sedan, l'incapacité des généraux ; on parlait de revanche à prendre et de moyens à employer. Et les regards se tournaient vers les fenêtres de l'Hôtel-de-Ville comme si l'on devait y voir apparaître le Messie attendu.

J'arrivai donc dans la grande salle, anxieux et le cœur battant la générale. Mais avant de me mêler à la foule et de voir si le vent tournait du bon côté, j'avais à m'acquitter d'une mission que je considérais de la plus haute importance. Quelques camarades m'avaient chargé de demander que les membres de l'Internationale, transférés quelques jours auparavant de Pélagie à la prison de Beauvais, fussent immédiatement mis en liberté et ramenés à Paris.

On me dit que c'était au citoyen Etienne Arago, improvisé maire de Paris, que je devais m'adresser.

Ce ne fut pas long, je pris un couloir, puis un autre, et je me trouvai dans une grande pièce à une demi-portée de pistolet du citoyen Etienne Arago. Dès qu'il m'aperçut, et sans que j'eusse l'avantage de le connaître personnellement, il s'élança vers moi les bras tendus.

Je me dis : Très bien, voilà un homme de tempérament : il devine en moi un insurgé et il veut m'étouffer entre ses bras.

Mais pas du tout, le brave homme qui, de suite, m'avait appelé son enfant, voulait tout bonnement me presser sur son cœur.

Cet excès de tendresse me rappela à la réalité et je vis, en un instant, défiler en imagination tous les larmoyeurs de 48. Les bras tendus à mon tour pour me protéger contre les étreintes du maire de Paris, je lui dis : « Eh bien, citoyen, si nous commençons comme ça, nous sommes perdus. » Et sans lui donner le temps de me faire une morale ou de m'éconduire, je lui exposai le but de ma visite.

Je dois dire qu'il ne me garda pas rancune de l'accueil un peu froid, peut-être, que j'avais fait à son enthousiaste réception. Il m'assura qu'il avait fait le nécessaire pour que les prisonniers de Beauvais fussent de suite ramenés à Paris, et que, malgré cela, il allait encore télégraphier au directeur de la prison.

On peut ne pas être un très chaud partisan des accolades fraternelles sans être pour cela un butor : je remerciai donc bien sincèrement le citoyen Etienne Arago et je le quittai pour courir me mêler à la foule entassée dans la grande salle où se jouait le sort de la journée.

VI

LA JOURNÉE DE MALHEUR

Que de braves gens et que de scélérats il y avait là !

Vous auriez en vain cherché un bonapartiste dans toute cette foule. Depuis midi tout le monde, à Paris, était républicain ! Les plébisciteux étaient souriants. On eût dit qu'ils avaient peur d'être reconnus et qu'on les fît prisonniers de guerre.

Quoi qu'en dise M. Delpit, le rapporteur, les socialistes militants présents à Paris : blanquistes, communistes, anarchistes, étaient à leur poste de combat et tous unis contre l'ennemi commun.

C'était un tohu-bohu indescriptible, écœurant et superbe !

Il y avait à l'extrémité de la salle une grande table sur laquelle s'exécutait une scène épique : les équilibristes les plus célèbres étaient surpassés de cents coudées par les citoyens qui bataillaient sur cette tribune improvisée.

Les uns s'y tenaient à cloche-pied, se cramponnant au bras et, au besoin, à la barbe d'un voisin. Ça ne faisait rien, on n'y regardait pas de si près ; du reste, le voisin était obligé de rendre la pareille à un autre, et ça le rendait indulgent : ils parlaient tous à la fois, se menaçant et se montrant le poing, et il y avait de quoi.

Deux des orateurs étaient particulièrement maltraités, et il fallait qu'ils eussent une fière force de poumons et un rude courage pour dominer les imprécations et tenir tête aux furieux qui les menaçaient.

L'un, c'était le citoyen Lefrançais qui se maintenait vaillamment au beau milieu de la table. L'autre, c'était ce pauvre Vermorel qui, perché sur un coin, ne se tenant plus que sur un pied, se cramponnait d'une main à un voisin et, de l'autre, rajustait ses lunettes.

— Vive la République ! criaient les uns.

— Vive la France ! répondaient les autres.

Et les cris se succédaient.

— Pas de division !

— Aujourd'hui, il ne s'agit que de la patrie à sauver !

— Oui, oui !

— Soit, mais des garanties ! Vive la République !

— Silence aux badingueusards !

— A Sedan ! les bonaparteux !

— Méfions-nous des Prussiens de l'intérieur !

— Vive la Sociale !

— A bas les rouges !

— Vive Jules Favre !

— Vive Blanqui !

Un citoyen à la barbe poivre et sel agite un petit drapeau tricolore ; les uns l'acclament, les autres le huent : « C'est sous les plis de ce drapeau glorieux que nous devons tous, dit-il... » mais on n'entend pas le reste ; sa voix est couverte par de vives protestations : — Et Juin 48 ! A bas Cavaignac !

On se bouscule. Il se fait une distribution de gifles autour de la table. Un ouvrier mécanicien empoigne par le fond de la culotte un gros monsieur qui vient de l'appeler : Prussien de Paris ! Il veut à toute force le flanquer par la fenêtre. Le monsieur demande grâce.

Lefrançais, Vermorel et autres citoyens proclament la patrie en danger. Ils font appel au dévouement de tous, mais ils demandent des garanties pour le peuple, pour la République.

Les uns applaudissent, les autres vocifèrent.

On lance des noms pour composer un comité de défense nationale. Ceux de Blanqui, Jules Favre, Delescluze, Dorian, Trochu, Garnier-Pagès, sont acclamés par ceux-ci et honnis par ceux-là. On distribue des listes, on en jette à profusion par les fenêtres ; on dirait des nuées de pigeons voyageurs qui s'abattent exténués sur la place.

Ruisselants de sueur, brisés de fatigue, désespérés de la tournure que prennent les événements, les citoyens Vermorel, Lefrançais et leurs amis descendent de leur tribune improvisée et sont entourés par une bande de gredins qui n'hésiteraient pas à leur faire un mauvais parti si nous n'étions là, quelques-uns, pour les mettre à la raison.

Sur la place de l'Hôtel-de-Ville, l'animation est extrême : les bousculades, les imprécations de la salle s'y reproduisent. On s'y traite de mouchards! de Prussiens! de badingoins! de partageux! Les taloches pleuvent.

On discute avec passion les noms des citoyens préposés pour faire partie du Comité de défense: les hommes de 48 l'emportent.

On est mal venu à faire allusion aux journées de Juin. Il ne faut même pas souffler mot du coup d'Etat. Quant à Sedan, c'est déjà de l'histoire ancienne.

Les bourgeois bedonnant et transpirant, dissimulent leurs transes en se donnant des airs bonenfant : ils sont d'une familiarité écœurante! Ils tapent à petits coups sur les épaules des ouvriers comme s'ils caressaient les fessses de leurs chevaux ; ils leur serrent les mains en feignant l'émotion. J'en ai vu qui s'embrassaient et qui avaient des envies démesurées de s'enlever des morceaux de joue.

Les mêmes qui ont hurlé, il y a un mois à peine :
Vive la guerre! à Berlin! les mêmes qui ont voté
oui à tous les plébiscites et applaudi à tous les
crimes de l'empire vous abordent sans vous connaître et vous tutoyent absolument comme si l'on
avait gardé, avec eux, Napoléon III et sa bande.
L'un de ces bedonnants s'adresse justement à un
ouvrier de Montmartre qui n'est pas content :

— Eh bien! nous la tenons, cette foi, hein!...

— Quoi? la variole! lui répond l'ouvrier qui a
deviné son homme.

— Farceur! la République!

— Et ta sœur!...

Le bedonnant comprend et s'éloigne en riant
jaune.

Jamais, on peut le dire, on ne vit plus d'enthousiasme que dans cette journée-là. On aurait pu
faire du peuple ce qu'on aurait voulu; il était prêt
à tous les sacrifices. On n'avait qu'une idée, et les
socialistes la communiquaient à tous : sauver la
France, mais, en même temps, la République.

Fidèles au rendez-vous, comme je l'ai dit dans le
chapitre précédent, ils étaient là, unis, et ils avaient
fait des efforts surhumains pour que le pouvoir ne
tombât pas entre les mains de ces hommes qui
devaient nous conduire à la capitulation.

On peut affirmer que cette journée du 4 Septembre décida du sort de la France et de la République.

Mais, comme toujours, on endormit la foule en
lui parlant d'union en face du danger ; en lui disant
qu'il fallait agir vite ; qu'au dessus des théories, il

y avait l'honneur national ; qu'au-dessus de la République il y avait la France! qu'il fallait faire taire les rancunes, chasser d'abord les Prussiens et qu'on s'entendrait bien ensuite!

Et pour sauver la France, et pour inspirer de la confiance au peuple, on se livrait aux hommes qui, une fois déjà, avaient perdu la République et mitraillé, en *Juin*, les ouvriers sans travail et sans pain.

Le 4 Septembre, au soir, nous savions tous à quoi nous en tenir.

En quittant la place de l'Hôtel-de-Ville nous nous dîmes en nous serrant la main bien fort : Tout est perdu !

. . . .

Puisse le souvenir de cette journée et des terribles conséquences qu'elle eut dans la suite, guérir à jamais le peuple des individus. En écrivant ces lignes, je me suis demandé avec un serrement de cœur, si les mêmes événements se renouvelant, on ne verrait pas se reproduire les mêmes défaillances de la part des travailleurs toujours prêts à se sacrifier pour les grands mots de France et de patrie, et toujours à la remorque d'ambitieux qui n'ont plus qu'un but lorsqu'ils sont au pouvoir: devenir millionnaires et faire canarder les ouvriers s'ils s'avisent de crier famine un jour de trop grande misère.

Les membres de l'Internationale et les délégués des chambres syndicales, présents à Paris, se réunirent le soir, place de la Corderie. Ils étaient consternés. Néanmoins, ils résolurent de tenter un dernier effort et rédigèrent une adresse qu'on décida de porter à l'Hôtel-de-Ville.

Ce qu'ils demandaient était loin d'être excessif et prouvait bien qu'ils avaient la ferme intention de prêter le concours le plus dévoué aux hommes qui seraient chargés du lourd fardeau de la défense nationale.

Ils demandaient : L'organisation immédiate des gardes nationales et leur armement ; la suppression de la préfecture de police ; la restitution aux municipalités de leurs services publics ; l'abrogation des lois restreignant le droit de réunion, d'association, et régissant la presse ; la suppression du budget des cultes et l'amnistie pour tous les citoyens arrêtés et condamnés pour faits politiques.

Ce fut Gambetta qui reçut les délégués de la Corderie. Il ergota, disant que tout ce qu'ils demandaient était très juste, mais que ça viendrait à son heure ; qu'actuellement, il fallait faire face à la situation, etc., etc., et beaucoup de *et cætera* d'avocat, et nous savons ce qu'ils valent.

Bref, si dans cette journée si mouvementée et à la fois si pleine d'enseignements, l'arrivée à temps des députés de Paris sauva la France de la Commune, comme le prétend M. Delpit, le rapporteur de la commission d'enquête, on peut dire que l'issue de cette journée nous valut la capitulation.

Dans son Histoire de la Révolution de 1870-71, M. Jules Claretie dit que la journée du 4 Septembre fut la *journée de l'espoir*.

Ce fut aussi notre avis pendant quelques heures,

mais la nuit tombait à peine, que ce n'était déjà plus pour nous que la journée du désespoir, que dis-je ? la journée de malheur !

VII

TAS DE PROPRE-A-RIEN

Ce serait à se faire sacristain ou sénateur si, parce que le corps académique auquel appartient le sieur Maxime du Camp a décrété que telle ou telle expression était triviale, on n'avait plus le droit de l'employer quand elle rend bien la pensée.

Du reste, dans ce cas, il n'y a qu'une chose à faire : ne pas plus tenir compte des décrets du corps académique que des professions de foi de quatre-vingt-dix-neuf candidats sur cent.

Je n'ai pas la prétention d'avoir fait une découverte, mais j'ai remarqué que la plupart des gens qui sont si à cheval sur l'emploi du mot choisi, recherché, distingué, étaient souvent, dans les faits, d'une brutalité d'obus. Ils s'expriment volontiers dans les termes les plus évangéliques et font très-bien fusiller leur trente mille hommes à l'occasion.

S'en fâchera qui voudra, mais que voulez-vous? je n'ai trouvé que cette bonne expression-peuple de *propre-à-rien* pour qualifier ces individus qui se permettent, du haut de leur tremplin d'enquêteur officiels, de calomnier des hommes dont toute la vie n'a été que travail et dévouement.

« Presque dès le commencement de la guerre, dit M. le rapporteur, la population de Paris s'était divisée en deux camps (mais rien n'est changé) ; ceux qui n'avaient vu dans le siège qu'un moyen d'armer la Révolution, de *vivre sans travailler*, de *se faire nourrir*, et payer pour remplir un devoir qu'ils allégèrent par la résolution bien arrêtée de ne pas se battre ».

Et quels sont les *propre-à-rien* qui écrivent, disent, approuvent, colportent de pareilles âneries ? Des inutiles qui, le ventre plein, passent de leur salle-à-goinfrer à leur cabinet d'élucubrations et croient avoir enfanté des chefs-d'œuvre lorsqu'ils ont péniblement pondu quelques lignes de prose ; des viveurs qui passent les trois quarts de leur vie à nocer et l'autre quart à dormir.

Monsieur le rapporteur ne se doute probablement pas que la plus grave injure que l'on puisse faire à un ouvrier, c'est de l'appeler fainéant, et que le menuisier ou le mécanicien qui a abattu ses dix ou onze heures de travail en a fait plus dans sa journée, que lui dans les quelques semaines qu'il a passées à rédiger son malheureux rapport.

Et qu'aurais-je à dire encore si j'avais à évaluer la somme de travail utile à la société que les dix-sept particuleux de la commission d'enquête ont fournie dans toute leur vie ?

Et quels sont les hommes visés par le rapport ? Des membres de l'Internationale qui, tous, avaient un métier, travaillaient, et, leur journée faite, se rendaient encore à l'appel de tels ou tels groupes corporatifs, ou dans les réunions publiques pour y instruire leurs camarades de misère.

Ces hommes, c'est Varlin, l'ouvrier relieur qui piochait à l'établi, pendant que M. le vicomte de Meaux courait ses châteaux ; c'est Joffrin, l'ouvrier mécanicien, qui a fait plus de besogne dans un mois que M. le duc de Larochefoucauld dans toute sa vie ; c'est Theisz, l'ouvrier ciseleur, délégué aux postes et télégraphes pendant la Commune, qui n'avait pas, comme M. Cochery, son portefeuille bourré d'actions ; c'est Ch..., qui, ayant six enfants à nourrir, travaillait jour et nuit ; c'est Langevin, Delacour, Charbonnaud, Trinquet, Duval, fusillé par les ordres de Vinoy ; et tant d'autres enfin que nous retrouverons dans la suite, qui, tous, étaient des hommes laborieux, intelligents, et qui, le lendemain même du 4 Septembre, s'engagèrent ou dans les bataillons de marche de la garde nationale, ou dans l'armée régulière.

Que M. Delpit, qui paraît avoir la spécialité des rapports, nous dise donc ce que faisaient, pendant la guerre, les grands patriotes de la commission d'enquête ?

Vivre sans travailler ! et comment ? Et quand bien même les ouvriers voudraient indemniser ceux de leurs camarades qui sacrifient leur temps pour eux, ce qui ne serait que juste, après tout, est-ce qu'ils le pourraient, puisque les parasites qu'ils entretiennent ne leur en laissent même pas assez pour eux ?

Vivre sans travailler ! Mais c'est le privilège

exclusif des ducs, des marquis, des hauts barons de l'industrie et de la finance. Pendant qu'ils voyagent pour leur santé, ou font la planche, en famille, dans les eaux de l'Atlantique ou de la Méditerranée, n'ont-ils pas des nègres qui suent sang et eau, attrapent pour eux des courbatures et des fluxions de poitrine qui les envoient à l'hôpital, cette maison de campagne des travailleurs !

Étaient-ce donc les fameux trente sous qui permettaient à un homme de vivre et devaient lui faire souhaiter que le siège de Paris durât autant que le siège de Troie? Mais, trente sous, vous devriez le savoir, ça n'est même pas pour les cigarettes que M. le marquis a déjà mâchonnées avant son déjeuner.

Ceux qui ont assez peu de dignité pour vivre sans travailler, c'est-à-dire aux crochets des autres, ne sont pas dans nos rangs : ils sont dans la peau de ceux dont M. Delpit s'est fait le défenseur, de ceux qui ne sollicitent les suffrages du peuple que pour le tromper et le trahir à raison de vingt-cinq francs par jour, sans compter le casuel, et qui, en temps d'élections, boiraient volontiers dans le verre d'un galeux pour lui *piger* sa voix.

. . . .

Si je relève ainsi l'appréciation perfide de M. Delpit, il faut avouer que j'ai de bonnes raisons pour cela; elle a tellement bien fait son chemin qu'il ne vous arrive guère de parler des événements de 1870 et du siège de Paris sans rencontrer des gens qui vous disent encore que les gardes nationaux n'étaient qu'un ramassis de fainéants qui n'avaient qu'un but : *Vivre sans travailler.*

Tas de *propre-à-rien !*

VIII

UNE PAGE D'HISTOIRE

L'exécution des généraux Lecomte et Clément Thomas devait faire éclore sous la plume du rapporteur de la commission d'enquête les qualificatifs les plus foudroyants à l'adresse des justiciers de la rue des Rosiers.

Les représailles considérées comme des actes de justice nécessaire, lorsqu'elles sont exercées par les gouvernements, deviennent des crimes lorsqu'elles partent du peuple, un jour de révolution ou de colère légitimée par trop de souffrances.

Alors que Monsieur le rapporteur s'apitoie sur le sort des deux généraux fusillés le 18 Mars et qu'il nous foudroie de ses malédictions, il ne souffle pas mot du citoyen Duval, ni des fédérés faits prisonniers et fusillés au petit Bicêtre, le 3 avril, par les ordres du général Vinoy.

C'est logique, du reste, et il serait puéril d'en témoigner notre étonnement.

Mais comme M. Delpit lègue ses imprécations à la postérité, à la faveur d'une enquête officielle, nous pouvons bien, nous autres, les commenter un peu à titre d'enseignements.

Je reviendrai plus tard sur les événements qui ont signalé la journée du 18 Mars et, en particulier, sur l'exécution des deux généraux ; mais présentement, je tiens à démontrer historiquement à ceux de nos lecteurs qui n'en seraient pas suffisamment convaincus, qu'il sied mal à la bourgeoisie de se donner ces airs de sensiblerie et d'innocence, et qu'il est souvent prudent, comme dit le proverbe populo : de ne pas parler de corde dans la maison d'un pendu.

« Tandis que l'émeute, dit le rapporteur, trouvant partout à Montmartre, le terrain libre, couvrait les buttes et leurs abords de barricades, au Château-Rouge où le malheureux général Lecomte avait été conduit prisonnier, commençait un drame abominable, et l'assassinat commis dans les conditions les plus odieuses, allait inaugurer une insurrection, etc., etc... »

Vous avez lu et entendu dire, n'est-ce pas, citoyens ? que tout peuple vraiment sage devait tenir compte des leçons de l'histoire et les mettre à profit : or, chaque fois que nous suivons les exemples que nous ont laissés les bourgeois qui sont nos maîtres en révolution, nous sommes aussitôt traités de bandits, d'assassins et de bien autre chose encore par les plumitifs de la bourgeoisie.

Ainsi, le 18 Mars, le gouvernement ordonne l'assaut des buttes Montmartre. Les gardes nationaux attaqués se défendent. Quelques-uns sont blessés et d'autres tués. Les agresseurs, victorieux d'abord, sont repoussés. L'effervescence est grande parmi le peuple, deux généraux tombent entre ses mains et ne sont fusillés qu'après plusieurs heures d'hésitation et de pourparlers.

Voilà le début de la première révolution sérieuse du prolétariat français qui, d'après M. Delpit et tant d'autres, commence par un assassinat.

Examinons un peu si, au début de son évolution et pour conquérir son émancipation, cette bourgeoisie, qui fait par trop bon marché de son passé, ne s'est pas montrée bien autrement expéditive que le peuple.

Ce n'est pas d'hier que messieurs les bourgeois s'agitent, conspirent et luttent pour que le Tiers-Etat soit tout, comme l'a dit Seyès.

Sans remonter plus en arrière, voyons seulement ce qui se passe aux Etats généraux, en l'année 1356 : L'illustre Etienne Marcel que nous saluons, nous aussi, réclame des garanties pour l'emploi des impôts et, en outre, demande, appuyé par le père Robert Lecoq, évêque de Caen, que le grand conseil du roi, qui ne compte que des hommes incapables et malintentionnés, soit remplacé par un conseil élu par les États.

Mais, n'est-ce pas à peu près ce que le peuple a demandé jusqu'en 1871 et ce qu'il demande encore aux bourgeois qui sont aujourd'hui au pouvoir et qui n'y sont arrivés que par la force, quoi qu'ils en disent.

Continuons :

Le fameux grand conseil est dissous. On le remplace par un conseil élu par les États et composé de onze prélats, de six nobles et de 17 bourgeois.

Voilà déjà les bourgeois en majorité dans le conseil : ça promet !

Ils ne s'en tiennent pas au contrôle des impôts ; très intelligemment, et nous les en félicitons, ils étendent leur pouvoir à toutes les branches du gouvernement et de l'administration.

Loin de les en blâmer, Jacques Bonhomme rit dans sa barbe et se prépare à leur prêter main-forte.

Le dauphin veut réagir : MM. les bourgeois n'hésitent pas, ils font ce que nous aurions dû faire lors de la guerre de 1870 et de l'expédition du Tonkin : ils refusent les subsides.

En homme prévoyant, Etienne Marcel organise promptement les Parisiens et leur fait adopter, comme signe de ralliement, un chaperon rouge et bleu — les couleurs de la ville de Paris. — Voilà donc la bourgeoisie qui a levé l'étendard de la révolte. Elle a aussi son drapeau et son mot d'ordre révolutionnaires : *Vivre et mourir avec Etienne Marcel !*

Un jour, cependant, la bourgeoisie mitraille les canuts de Lyon, qui arborent un drapeau portant pour devise : *Vivre en travaillant ou mourir en combattant !*

Un autre jour encore, des républicains sont dispersés à coups de fusil, parce qu'ils portent une bannière sur laquelle est inscrit : *Vivre libre ou mourir !*

Etienne Marcel enrôle ses adhérents dans la grande confrérie parisienne connue sous le titre de *Confrérie aux seigneurs, prêtres, bourgeois et bourgeoises de Paris.*

Les voilà organisés en société de résistance et en vue de l'action. Et lorsque les ouvriers ont recours à ces moyens, on les traite de perturbateurs.

Fatigués du mauvais vouloir du duc de Normandie, comme nous sommes en droit de l'être aujourd'hui du mauvais vouloir des bourgeois qui gouvernent, Etienne Marcel, suivi de quelques-uns des siens, pénètre dans le palais et fait massacrer sous les yeux du dauphin, trois de ses principaux conseillers ou maréchaux du palais.

Vous avez bien lu, citoyens : trois conseillers du prince sont exécutés là, séance tenante, et deux des cadavres tout chauds encore, sont lancés par la fenêtre pour qu'on sût bien au dehors ce qui venait de se passer dans le palais et qu'on se tînt prêt à : *Vivre ou mourir avec Etienne Marcel.*

Je ne blâme pas, je constate, et j'approuve.

Le dauphin épouvanté, et cela se comprend, se coiffe du chaperon rouge et bleu, et, lâche comme tous les gouvernants lorsqu'ils ne se sentent plus en force, il jure à Etienne Marcel de tenir ses engagements à l'avenir.

Vous voyez donc bien, citoyens, que l'histoire en main, on est bien en droit de dire aux bourgeois qu'il leur sied mal de qualifier comme ils le font, les exécutions auxquelles le peuple en est parfois réduit un jour de révolution et qu'il n'est pas inutile non plus de leur mettre de temps en temps le nez dans leur passé.

En résumé, quels que soient les moyens révolutionnaires que le peuple puisse employer il n'inventera rien. Il a été devancé par la bourgeoisie et n'en a été jusqu'ici que le bien pâle imitateur.

Et, bien que la journée du 18 Mars ait une grande analogie, au point de vue des événements, avec l'envahissement du palais du dauphin par Etienne Marcel, il faut avouer que les illustres bourgeois de 1356 ont fait les choses beaucoup plus grandement encore que les révolutionnaires de la butte Montmartre en 1871.

En effet, tandis que les uns ont à leur avoir le massacre de trois conseillers sans défense et sans arme, les autres n'ont au leur que l'exécution de deux généraux qui, tous deux, avaient mitraillé le peuple : crime que les trois conseillers, si malintentionnés qu'ils fussent, n'avaient pas commis.

. . . .

La bourgeoisie parvenue aujourd'hui à l'apogée de sa puissance, répudie à l'occasion les procédés révolutionnaires que ses ancêtres n'ont pas hésité à employer et qu'elle même emploie encore pour réduire le peuple au silence. Mais qu'importe qu'elle répudie ou non son passé révolutionnaire, elle n'en bénéficie pas moins aujourd'hui de l'excellente besogne faite par Etienne Marcel et si bien continuée par les bourgeois, non moins énergiques, de 1789, 1792 et 1793.

Du reste, les historiens de la bourgeoisie se gardent bien de flétrir l'illustre bourgeois qui ordonna le massacre de trois maréchaux du palais : ils nous le présentent au contraire comme un homme des plus remarquables et des plus honorés.

Pour n'en citer qu'un, voici ce que dit M. Augustin Thierry :

« Cet échevin du quatorzième siècle a, par une anticipation étrange, voulu et tenté des choses qui semblent n'appartenir qu'aux révolutions les plus modernes.

« A une fougue de tribun qui ne recule pas devant le meurtre, il joignit l'esprit organisateur. Il laissa dans la grande cité qu'il avait gouvernée d'une façon avidement absolue, des institutions fortes, de grands ouvrages et *un nom que deux siècles après lui, ses descendants portaient avec orgueil comme un titre de noblesse.* »

On ne pouvait pas faire une plus belle apologie de l'ordonnateur des massacres des trois maréchaux.

N'en déplaise aux enquêteurs et à bien d'autres, telle est aussi l'opinion que les générations futures auront des révolutionnaires obscurs qui, en assumant la responsabilité de l'exécution des généraux Clément Thomas et Lecomte, ont empêché que la journée du 18 Mars se terminât aussi piteusement que les journées du 4 Septembre, du 31 Octobre et du 22 Janvier.

IX

LES FORCENÉS DE L'ORDRE

Il y avait à peine quatre jours que le gouvernement des fuyards avait ordonné l'assaut des Buttes et fait tuer de bons citoyens, que voilà les réac-

tionnaires des Ier, IIe et autres arrondissements,
qui partent en guerre pour s'emparer de la place
Vendôme occupée par les fédérés.

Oh ! si vous écoutez bon nombre de ceux qui
ont pris part à cette ridicule manifestation, et si
vous en croyez messieurs les enquêteurs, les manifestants n'avaient pas la moindre mauvaise intention : c'étaient de braves gens, tous plus débon-
naires les uns que les autres et tous épris d'un tel
amour de l'ordre, de la liberté, de la République
et de la France, qu'ils allaient tout bonnement,
n'ayant, comme Nicolet, rien dans les mains, rien
dans les poches, essayer de ramener par la per-
suasion, les égarés qui obéissaient aux ordres du
Comité central.

C'étaient de véritables apôtres ayant leur christ
dans la personne de l'amiral Saisset, avec cette
différence cependant que le brave amiral ne s'expo-
sait pas à être crucifié.

Aussi, quels monstres que tous ces fédérés !
Ceux de la butte Montmartre fusillent deux généraux le 18 Mars ; ceux de la place Vendôme
reçoivent à coups de fusil des bonnes gens du parti
de l'Ordre, qui leur apportaient des bénédictions,
ce qui ne s'était pas encore vu.

Au dire de M. Delpit, ces citoyens inoffensifs, au
nombre de plus de huit mille — rien que cela ! —
portant des rubans bleus à la boutonnière, en leur
qualité de *chevaliers de l'Ordre*, sans doute, se
rassemblent place du nouvel Opéra pour prendre
part à la manifestation décidée la veille. Bergeret,
continue M. Delpit, ne recule pas devant le plus

odieux assassinat : il fait tirer sur une foule inoffensive et *désarmée* qui criait : « Vive l'Assemblée ! A bas le Comité ! »

Primo, quand on est rapporteur d'une commission d'enquête officielle on devrait au moins ne pas employer un mot pour un autre : c'est donc une foule sans armes et non *désarmée*, qu'il fallait dire, puisqu'il n'y avait encore eu aucun conflit au moment où cette foule pénétrait dans la rue de la Paix.

Le rapporteur fait remarquer, en outre, sans que personne l'oblige à un tel aveu, que M. l'amiral Saisset, considérant qu'une manifestation sans armes était inopportune et dangereuse, l'avait déconseillée et avait refusé l'honneur de sa présence.

Il nous semble cependant qu'en raison de sa situation et de ses fonctions de généralissime des forces du parti de l'ordre, son devoir était de se mettre, sans discuter, à la tête même de sa bouillante armée. C'est le moins qu'on eût exigé d'un simple sergent de fédérés.

Vous avouerez que c'était une singulière façon de prouver ses désirs de conciliation que de se présenter au nombre de 8,000 au moins, devant des gardes nationaux ennemis de l'Assemblée de Versailles, et dévoués au Comité central, en criant : Vive l'Assemblée ! A bas le Comité ! Rien que ces cris suffisaient, ce me semble, pour indiquer les dispositions hostiles des manifestants et faire partir seuls les fusils des fédérés.

Et dès lors qu'on criait : A bas le Comité ! on

prévenait suffisamment ce Comité qu'il n'avait qu'à bien se tenir s'il ne voulait pas être renversé.

En vérité, ces gens-là sont bizarres : si nous abandonnons les postes qu'on nous confie, nous sommes des couards ; si nous les défendons, nous sommes des assassins.

Mais cependant ce n'est pas nous qui avons innové le système de repousser par la force les manifestations hostiles : c'est encore un exemple que nous tenons des gouvernants.

Sous la République même, et il n'y a pas bien longtemps, le gouvernement n'a-t-il pas fait disperser par la force les manifestations des ouvriers sans travail sur l'esplanade des Invalides, sur la place de la Bourse, de l'Hôtel-de-Ville, et n'en fut-il pas de même le 23 mai 1885, au Père-Lachaise où, comme les années précédentes, les communeux s'étaient rendus en foule au mur des fédérés, en souvenir des fusillés de la Semaine sanglante ?

N'est-ce pas ainsi qu'on procède encore à l'égard des grévistes s'ils se promènent par bandes ou stationnent sur la chaussée ?

Eh bien, ceux qui ont dit et écrit que la manifestation dite « des gens de l'ordre » du 22 mars 1871, n'était composée que de gens inoffensifs et sans armes, savent parfaitement le contraire.

Ils étaient plus que nous dans le secret des dieux et cependant nous connaissions parfaitement les intentions des individus qui dirigeaient le mouvement réactionnaire qui se préparait au Grand-Hôtel et ailleurs.

Ils avaient dit à différentes reprises qu'avec

quatre hommes et un caporal ils s'empareraient des canons de la Butte-Montmartre, et qu'il n'en fallait pas davantage pour mettre à la raison les bandes indisciplinées du Comité central.

Il y avait bien parmi les manifestants quelques naïfs ou plutôt quelques dupes qui criaient: Vive l'ordre! croyant sincèrement à la possibilité d'une entente et qui en auraient été très heureux. Parbleu! ceux-ci étaient sans armes, mais ils étaient en si petit nombre! Les uns étaient des comédiens, des compositeurs de musique; les autres, des peintres, des sculpteurs... Il y avait aussi quelques hommes de lettres bien intentionnés. Je m'empresse d'en excepter M. de Pène, qu'une *balle spirituelle atteignit dans l'anus* comme le fait remarquer le citoyen Lissagaray dans son *Histoire de la Commune.*

Mais quant aux autres, c'étaient de véritables arsenaux ambulants : ils avaient des poignards et des pistolets avec lesquels ils s'étaient flattés de faire merveille comme les chassepots à Mentana.

On connaissait parfaitement leur plan: s'approcher des factionnaires en leur tendant les bras comme pour les embrasser, les entourer, les désarmer, poignarder au besoin les récalcitrants, pénétrer dans la place, et, bref, y établir leur quartier général.

Ça n'était pas plus malin que ça. Il faut avouer que c'eût été un coup de maître s'il eût réussi, et que les gens de l'ordre eussent bien été en droit d'en faire des gorges chaudes.

Mais il paraît que le bon dieu de M. Delpit ne

protégea pas plus ce jour-là les partisans du gouvernement de Versailles qu'il n'avait protégé la France en 1870 de l'invasion prussienne.

Vers midi nous étions quelques fédérés au coin du boulevard Montmartre et de la rue Drouot, attendant une bande de forcenés de l'ordre qui devaient partir du carrefour Montmartre pour se rendre à la place du nouvel Opéra. Dès que nous les aperçûmes nous nous plaçâmes au milieu du boulevard pour les passer en revue et rire un peu.

Les malheureux avaient à leur tête un petit bonhomme, mal gonflé, à la graisse malsaine qui, marchait, le nombril en avant, comme pour tout perforer, fût-ce même la colonne Vendôme, si elle s'avisait de lui barrer la route.

Ce personnage ridicule était un de ces hommes d'affaires plus que véreuses que deux ou trois banqueroutes frauduleuses avaient rendu justement célèbre dans le monde de la finance.

Nous accueillîmes les manifestants parmi lesquels se trouvaient un grand nombre de jeunes gens de vingt à vingt-cinq ans, par le cri de: Vive le Comité! vive la République! ce à quoi ils répondirent, en se précipitant sur nous, par: A bas le Comité! vive l'Ordre!

Une bagarre allait s'ensuivre si le petit bonhomme mal gonflé n'eut crié de toute la force de ses poumons épuisés par les noces: « Messieurs, ne nous arrêtons pas à ces peccadilles, marchons de l'avant !

— C'est ça ! c'est ça ! Marchez de l'avant derrière

ce joli monsieur! répondîmes-nous, on vous attend là-bas, et l'on va vous arranger.

Sur cette bonne prophétie qui devait si bien se réaliser, la bande se remit en route, à l'exception d'un bon garçon, compositeur de musique, qui nous demanda si réellement ça pourrait tourner au vilain?

— Mais certainement. Voyons, vous n'êtes pas sans avoir en tête un joli motif de valse?...

— Oh ! oui.

— Eh bien, rentrez donc chez vous et mettez-vous à votre piano, ça vaudra beaucoup mieux.

Il ne se le fit pas dire deux fois ; et c'est peut-être à ce bon conseil que nos lectrices doivent une jolie valse qu'elles ont probablement beaucoup aimée.

On sait le reste : Ce n'est qu'en infligeant aux manifestants la leçon à laquelle ils s'étaient exposés que le citoyen Maljournal, blessé dans la bagarre, et le citoyen Bergeret purent rester maîtres de la place, et, j'ajouterai que ce ne fut pas trop de cet acte énergique pour sauver la situation ce jour-là, faire respecter le Comité central, et calmer un tant soit peu les fanfaronnades des forcenés de l'ordre.

X

TROIS BONS DÉCRETS

Il ne faut pas croire que la façon dont nos ennemis apprécient les actes les plus louables soit seulement de l'imbécilité de leur part : C'est, avant tout, de la scélératesse.

Le peuple n'est pour eux qu'un troupeau bon à tondre et à saigner. Et comme ils sont trop lâches pour faire eux-mêmes cette opération, il leur faut encore des bourreaux qu'ils prennent dans les rangs mêmes de leurs victimes.

Ah ! il faut reconnaître, et je l'écris en soupirant, que la scélératesse de ces gens-là n'a d'égale que la résignation du peuple.

Celui-ci se croit-il donc marqué, en entrant dans la vie, du signe des réprouvés et fatalement condamné à courber l'échine sans même avoir le droit d'exiger sa pâture de chaque jour ?

Les autres croient-ils donc descendre en ligne directe de quelque race supérieure et tenir d'une divinité quelconque des droits exceptionnels à toutes les jouissances terrestres ?

Que ce peuple est naïf et que les autres sont grotesques !

Qu'il serait temps de les rappeler à la réalité en exigeant d'eux une somme de travail en échange de leur ration quotidienne.

Il y a trop longtemps qu'on les tolère, ces dévore-tout ! Il ne serait pas mauvais qu'on les envoyât, comme les camarades, travailler dans les champs par 25 ou 30 degrés de chaleur, ou extraire du charbon à trois ou quatre cents pieds sous terre : ça leur assouplirait un peu les reins et en même temps le caractère. En un mot, ça leur apprendrait à vivre.

Il faut qu'ils en prennent leur parti, nous ne

sommes plus tous disposés à nous laisser tondre sans broncher et il suffira des ruades de quelques-uns pour qu'un beau jour tout le troupeau s'en mêle et que ça finisse !

Et pourquoi cette boutade ?

Eh ! parce qu'il y en a trop qui se taisent, alors que les dévore-tout parlent à tort et à travers, et vous allez en juger.

La Commune est à peine constituée que déjà les élus du peuple tiennent à prouver qu'ils savent pourquoi on les a envoyés siéger à l'Hôtel-de-Ville.

Dès le 29 mars, le *Journal officiel* de la Commune contient trois bons décrets que j'ai votés avec enthousiasme.

L'un, abolissant la conscription ; l'autre faisant remise totale aux locataires des termes d'octobre 1870, janvier et avril 1871 ; le troisième enfin interdisant la vente des objets déposés au Mont-de-Piété.

Deux de ces décrets sont votés sans discussion, mais le troisième donne lieu à une séance des plus laborieuses que j'essaierai de raconter parce qu'elle est instructive à plus d'un titre.

Tout honnête homme ne peut qu'applaudir aux sentiments de justice dont étaient animés ceux qui ont voté ces décrets. Mais qu'en pensent les membres de cette commission d'enquête officielle si digne de l'ignoble Assemblée dont ils étaient du reste une émanation? Vous allez le savoir par la plume autorisée de son rapporteur qui doit avoir un bénitier pour encrier.

« La première séance de la Commune fut con- voquée pour le mercredi 29 mars que les fanatiques imitateurs du Passé dataient : 8 Germinal, an 79. »

Voici les membres de la Commune traités de fa- natiques imitateurs, parce qu'ils remplacent le calendrier des bondieusardises par le calendrier adopté avec enthousiasme par les bourgeois de la grande Révolution et aussi parce que, cessant de remonter à la naissance de Jésus-Christ, ils pren- nent pour date d'une ère nouvelle le jour de la proclamation de la première République en France.

Il me semble pourtant que le nom de Mars, le dieu de la guerre, donné à ce mois pendant lequel la nature est en plein travail d'enfantement, est un non-sens, et qu'on a été bien inspiré en le rempla- çant par Germinal, un mot superbe, expressif et sonore ; tout un monde d'idées en trois syllabes, qu'on ne peut prononcer avec colère, quand même on le voudrait, et qu'on chante malgré soi.

Mars est une monstrueuse antithèse, c'est une volée de mitraille dans un champ de fleurs, c'est le blé en herbe mutilé sous les roues des canons : c'est la guerre, la famine, la désolation.

Germinal, c'est l'espoir, c'est le triomphe du travail et de l'idée ; c'est la *Sociale* qui sort de terre avec sa solution humaine.

Mais, bah ! ces gens-là sont des anachronismes, pis que cela, car il serait impossible d'assigner l'époque à laquelle ils auraient pu appartenir. Eus- sent-ils vécu en l'an 2,000 avant notre ère, qu'ils auraient encore été en retard de 2,000 ans.

« Le lendemain, continue le rapporteur, le jour-

nal officiel paraissait sous le nom de *Journal officiel de la Commune de Paris* et contenait trois
décrets par lesquels le gouvernement de l'Hôtel-de-
Ville faisait, *dès ses premiers pas, appel aux appétits brutaux de ses adhérents* ».

Et à l'appui de son appréciation, il cite les trois
décrets.

Voilà qui est entendu, M. le rapporteur a dit, la
commission a approuvé, c'est comme si le notaire
y avait passé. Les pauvres gens qui n'ont pas tous
les jours un morceau de pain à se mettre sous la
dent ont des appétits brutaux !

Mais ce qu'il y a de curieux et de regrettable à
constater, c'est que leurs appétits brutaux ne les
poussent pas, ce qui serait logique cependant, à
flanquer quelques bons coups de dents à ceux qui
les empêchent de manger à leur faim.

Il y a donc, c'est la commission d'enquête qui le
déclare, des appétits *distingués.*

Eh bien oui, la commission a raison! et c'est
parce qu'il en est réellement ainsi, qu'un tas de
fainéants vivent grassement à rien faire, pendant
que d'autres ont la bonhomie de piocher comme des
nègres pour les nourrir.

Au point de vue matériel, qu'entend-on par
avoir des appétits distingués? Oh! c'est bien simple
et c'est surtout à la portée de tous : Aimer tout ce
que le génie humain, tout ce que le travail obs-
tiné de l'homme fait produire de meilleur à la nature ; c'est préférer à la piquette d'Argenteuil et aux
vins frelatés, les vins généreux, réconfortants du
Bordelais et de la belle Bourgogne ; c'est préférer à

l'ordinaire douteux et aux ragougnasses de la gargotte, des mets bien préparés, savoureux, recherchés, et à la fois substantiels; c'est aimer, enfin, tout ce qui est bon, succulent, séduisant à la vue, agréable au palais et bienfaisant au corps.

Au point de vue moral, avoir des appétits distingués, c'est bien simple aussi, et c'est également à la portée de tous : c'est se croire d'une essence supérieure et ne pas vouloir mettre les mains à la pâte, dans la crainte de se les abîmer ; c'est croire qu'on est tellement au-dessus des autres parce qu'on est riche en terre, en actions, ou en outillage, qu'on a le droit de faire trimer des serfs et de les rationner; c'est aimer la vie avec tous ses raffinements de bien-être, d'hygiène, de confortable, dans le vêtement, le linge, l'habitation : enfin c'est vouloir vivre comme des humains et non comme des bêtes de somme.

Bravo! Eh bien, est-ce que ces appétits, au point de vue matériel et moral, ne sont pas, comme je l'ai dit, à la portée de tous? Est-ce que tous ceux qui piochent, labourent, forgent, ne seraient pas plus en droit de les avoir et de les satisfaire, que ceux qui ne font œuvre de leurs dix doigts?

Eh! allez donc, vous autres, les machines-à-produire, ayez aussi des exigences humaines; ne soyez plus si sobres, si résignés, ça ne profite *qu'aux autres*. Prenez enfin la place qui vous est due à ce grand banquet de la vie dont vous n'avez que les miettes parce que, depuis trop longtemps, vous laissez une poignée de parasites, aux appétits délicats, s'y gaver à pleine panse et à vos dépens !

XI

LA BATAILLE DES LOYERS

Nous n'avions pas encore choisi nos places, la première venue avait été la bonne, et nous étions là, pêle-mêle, en bons camarades, tous bien décidés à nous atteler à la besogne et à faire de notre mieux.

On était encore sous l'impression de la manifestation grandiose et toute spontanée faite en réjouissance de la proclamation de la Commune, sur la place de l'Hôtel-de-Ville devenue, en un jour, la véritable place du Peuple et de la Révolution.

Les cœurs étaient chauds et les imaginations enfiévrées.

Les jeunes serraient la main aux vieux lutteurs qui avaient brisé avec l'Assemblée de Versailles pour venir reprendre, à la Commune, leur poste de combat. Leur modestie les rendait plus sympathiques encore.

En somme, il n'y avait ni vieux ni jeunes : nous avions tous le même âge pour la lutte et le même dévouement à la cause.

Il n'y avait pas de temps à perdre, et nous le savions. Le peuple était à bout de ressources et de patience. Les armoires, les commodes étaient aussi vides que les porte-monnaie, et que les estomacs, pourrais-je ajouter. On avait mis au Mont-de-Piété depuis la literie jusqu'aux vêtements de travail.

Il fallait, en attendant mieux, rassurer au moins les pauvres gens sur le sort de leurs nippes et empêcher qu'on ne les vendît aux enchères, à la bande noire de la friperie.

On était aussi à quelques jours du terme d'avril : Comment payer et que devenir ?

Les propriétaires allaient-ils être en droit de saisir, de vendre les meubles, et jusqu'aux outils de ceux qui ne pourraient pas les payer? Oseraient-ils expulser et jeter dans la rue, entre deux barricades cependant, ceux qui n'auraient rien ?

Verrait-on, sous la Commune, des femmes, des enfants, des vieillards, errer, sans asile, sur les trottoirs de Paris au pouvoir du peuple armé et soulevé contre les iniquités sociales ?

Ça n'était pas possible.

La première question à mettre à l'ordre du jour était donc la question des loyers.

A cette date, on n'insérait pas encore les comptes-rendus des séances de la Commune au *Journal officiel*. Les débats assez vifs que souleva le décret sur les loyers ne sont donc pas connus. Je vais essayer d'en donner un aperçu.

Professant un profond mépris pour la politique ; élu membre de la Commune dans le XVIIIᵉ arrondissement, malgré mes protestations bien sincères ; convaincu que nous n'avions été envoyés à l'Hôtel-de-Ville que pour trancher dans le vif, je crus que cette question des loyers ne soulèverait pas la moindre discussion et, qu'à mains levées, nous allions voter en chœur le non payement des termes d'octobre 1870, janvier et avril 1871.

Mais dès l'ouverture du débat, je vis que je n'y connaissais rien et que j'aurais bien mieux fait de ne pas quitter le 129ᵉ bataillon de marche où je m'étais engagé quelques jours après ma sortie de Pélagie.

Nous étions certainement tous d'accord sur la solution à donner à cette question que j'avais cru si simple et qu'on allait rendre si complexe, excepté pour moi cependant, car j'eus l'entêtement de mon ignorance comme on verra.

« Nous sommes d'avis, déclarèrent les citoyens qui ouvrirent le feu, que le décret des loyers doit être résolu dans le sens le plus conforme à la justice, c'est-à-dire le plus favorable aux intérêts de ceux qui souffrent depuis de longs mois et que le siège et le manque de travail ont mis dans l'impossibilité absolue de payer les termes arriérés et celui du 8 avril prochain. Mais, néanmoins, nous pensons que la question doit être sérieusement examinée. »

Jusqu'ici, il n'y avait pas grand mal, bien que j'eusse déjà manifesté mon impatience aux citoyens Dereure et Ferré qui, du reste, la partageaient.

« Vous remarquerez, ajoutèrent-ils, qu'à côté des locataires très intéressants dont nous avons parlé, il y en a qui ne le sont à aucun titre : *primo*, parce qu'ils sont les ennemis de la Commune; *secundo*, parce qu'ils ont les moyens de payer leur terme, et ceux-là, vous le savez, ne se feraient

aucun scrupule de bénéficier d'un décret les exoné-
rant de tout engagement envers leur propriétaire. »

Évidemment, l'objection était juste. Mais quel
moyen de contrôle aurait-on pour reconnaître
ceux qui pouvaient payer et ceux qui ne le pouvaient pas? Par une enquête? Le temps nous aurait manqué. En se renseignant auprès des propriétaires? Mais les trois quarts avaient quitté
Paris il y avait beau jour. Quant aux autres,
il est probable que quatre-vingt-dix-neuf sur cent
auraient juré leurs grands dieux que tous leurs
locataires, sans en excepter un seul, étaient à
même de payer; qu'après tout, il le fallait bien ou
que, dans le cas contraire, ils useraient de leurs
droits.

Je n'exagère pas, j'en fournirai des preuves.

Nous répondîmes, qu'étant donné l'impossibilité
pour nous d'exercer un contrôle efficace qui nous
permît d'atteindre ceux que nous voulions frapper,
il ne fallait pas tenir compte de cette objection, si
sensée fût-elle, et nous demandâmes la clôture de
la discussion.

Mais bah! cette proposition, très mal accueillie,
fut mise aux voix et exécutée à une grande majorité.

Quelques-uns de nos collègues avaient d'autres
arguments à fournir auxquels, de leur part, j'étais
loin de m'attendre.

Ils firent remarquer qu'il y avait aussi deux
classes de propriétaires, l'une fort peu intéressante
en ce sens qu'elle comprenait des milliardaires qui
n'attendaient pas, pour vivre, après les termes

qu'on leur devait, et l'autre, composée de petits rentiers qui n'avaient d'autres moyens d'existence que les revenus, souvent très maigres, qu'ils tiraient de la location de leur maison et, que, y compris le terme d'avril, ils auraient été neuf mois sans toucher un sou.

Évidemment encore, l'objection n'était pas sans valeur. Il y a certainement une différence à établir entre les spéculateurs, les possesseurs de grands immeubles et les petits propriétaires ne possédant qu'une bicoque qu'ils ont acquise à grand'peine et sur les revenus de laquelle ils vivent après s'être retirés des affaires.

Mais, en vérité, le moment nous paraissait mal choisi pour faire toutes ces distinctions.

Nous répondîmes que la situation des gens qui ne possèdent absolument rien était beaucoup plus digne d'intérêt; que les travailleurs allaient avoir à recommencer le combat pour la vie, plus pauvres qu'à leur point de départ, puisqu'ils se trouvaient avec des dettes, des termes accumulés, et le peu qu'ils possédaient engagé au Mont-de-Piété ou ailleurs. Qu'en somme, les propriétaires, si gênés qu'ils fussent, n'en conservaient pas moins leur maison et qu'il leur suffirait d'une année ou deux pour combler leur déficit. En résumé, nous pensions que les événements que nous venions de traverser devaient être considérés comme une calamité nationale et qu'il n'était pas juste que les travailleurs en supportassent, seuls, les conséquences désastreuses.

Cet argument parut ébranler quelques-uns de

nos collègues. Un instant nous crûmes la partie gagnée. Nous en profitâmes pour renouveler notre demande de clôture.

Elle eut le même sort que la précédente.

La nuit venait ; les esprits commençaient à s'échauffer ; on avait même échangé déjà quelques paroles quasi-aigres.

— Mais il faut en finir ! criaient les uns.

— Pas tant de discours !

— Oui, il faut en finir, mais d'une façon raisonnable, ajoutaient les autres.

— N'étouffons pas la discussion !

J'avoue que j'eus un instant de découragement. Sommes-nous donc ici pour parlementer ? me demandais-je ; ne vaudrait-il pas mieux trancher de suite, au mieux des intérêts de la masse, quitte à examiner ensuite ce qu'il y aura à faire pour ces petits propriétaires sur le sort desquels on s'apitoie.

Comment se fait-il, me disais-je, en voyant bon nombre des membres de l'Internationale des plus dévoués et des plus intelligents nous faire une vive opposition, que des hommes dont toute la vie n'a été que sacrifice à la Révolution, discutent tant aujourd'hui, pour résoudre une question qui me paraît si simple ?

L'argument suivant me surprit bien plus encore : « A part les propriétaires relativement besogneux, on nous dit qu'il y en avait d'autres aussi dont les immeubles étaient criblés d'hypothèques et que ceux-là se trouveraient dans l'obligation de faire face à leurs engagements, alors qu'on n'aurait pas tenu ceux contractés envers eux. »

Nous répondimes qu'il n'y avait pas péril en la demeure pour cette catégorie de propriétaires et qu'on aurait bien le temps, plus tard, de leur donner satisfaction s'il y avait lieu; qu'enfin les travailleurs étaient, eux aussi, criblés d'hypothèques d'un autre genre, puisque le peu qu'ils possédaient, soit linge, vêtements, literie, outils, était engagé au Mont-de-Piété à raison de douze ou quinze pour cent d'intérêts et qu'on ne leur ferait pas grâce d'un sou, à moins que la Commune ne prît des mesures en conséquence.

Il faisait nuit, on était encore sur le hapitre des hypothèques, et la discussion s'envenimait. N'y tenant plus :

— Citoyens, m'écriai-je, je vous préviens, que si le décret sur les loyers n'est pas voté aujourd'hui et dans un sens tout-à-fait favorable aux locataires, je descends demain avec les bataillons de Montmartre!

Mes collègues n'étaient pas hommes à se laisser influencer. Mon interruption, un peu brutale peut-être, les exaspéra, mais ne les intimida pas.

—C'est ça, me répondirent-ils, voilà déjà la Révolution dans la Révolution !

— Eh bien, faites-en ici, de la révolution, ajoutai-je, et je n'aurai pas à en faire ailleurs.

Nous étions debout. Les uns m'appuyaient et les autres se montraient très irrités contre moi. Je crus, ma parole, que je venais de commettre un crime de lèse-Commune.

—- La clôture! la clôture! criaient ceux-ci.

— Non ! la suite de la discussion à demain, demandaient ceux-là.

— Non ! non ! ce soir.

— Tout de suite !

En réalité, il n'était plus possible de discuter.

Une proposition demandant qu'il y eût une séance de nuit fut mise aux voix et adoptée à la presque unanimité, après quoi le président leva la séance.

. . . .

Il ne faudrait pas en conclure, d'après ce qu'on vient de lire, que ceux de nos collègues qui présentèrent les arguments que nous combattîmes vivement, n'étaient pas aussi dévoués que nous aux intérêts ouvriers. Seulement, je crois que beaucoup de membres de la Commune tenaient à prouver qu'ils n'étaient pas, comme on l'avait prétendu, des hommes sans idée, sans intelligence, et qu'ils voulaient surtout qu'on ne pût jamais les accuser d'avoir été de malhonnêtes gens.

Ce fut une préoccupation bien inutile. Ils ont donné, pendant et après la Commune, des preuves indéniables d'intelligence et d'intégrité, et cela n'a pas empêché les aboyeurs de la réaction, les convulsionnés à la Maxime du Camp, de les traiter de misérables, de bandits, de pillards et d'assassins.

Pour beaucoup de membres de la Commune, c'eût été aussi ne pas faire acte d'hommes politiques, que de déclarer en dix minutes et en trois lignes «qu'en raison des événements, remise totale était faite aux locataires, des termes d'octobre, 1870, janvier et avril 1871».

Quant à moi, ne tenant pas du tout à passer pour un politicien, et me moquant pas mal que la

meute réactionnaire me traitât de scélérat et de
monstre sans la moindre parcelle d'intelligence,
j'insistai pour que le décret sur les loyers fût voté
sans phrases et de suite, parce qu'après tout je ne
me croyais pas à l'Hôtel-de-Ville pour m'apitoyer
sur le sort des propriétaires plus ou moins intéressants, et qu'en outre, le décret sur les loyers
était un des rares décrets dont l'exécution fût immédiatement réalisable.

Nous fûmes donc obligés de tenir, le soir, une
seconde séance. Il était plus de minuit que nous
discutions encore.

..es citoyens Delescluze, Félix Pyat et Gambon
insistaient pour la clôture des débats et se pronon-
çaient pour la solution la plus favorable aux
locataires.

Energiquement appuyés par quelques autres
collègues, voici les derniers arguments que nous
fournîmes en faveur de la remise totale des
termes dus :

« Etant tous d'accord que les travailleurs sont
dans l'impossibilité absolue de payer les termes
arriérés et le terme courant, nous n'y reviendrons
plus ; mais considérant que Paris, pendant le siège,
n'était, en réalité, qu'une caserne et que tous nous
étions soldats, nous demandons à être traités
comme tels, c'est-à-dire n'avoir pas de loyer à
payer, attendu qu'il était tout naturel qu'on fournit
gratuitement la nourriture et le logement aux
soldats citoyens qui défendaient la capitale.

« Qu'en outre, il serait de la plus grande injus-
tice de leur faire payer la location de logements

dans lesquels ni eux, ni leur famille, ni leurs meubles n'étaient même pas garantis contre les obus et autres accidents de la guerre ;

« Qu'enfin, nous pensions qu'on nous avait envoyés à la Commune pour y prendre la défense des dépossédés et non des possédants. »

Après quelques modifications et un *nota* concernant les hypothèques par lequel nous dûmes passer, le président mit aux voix l'adoption du décret suivant :

LA COMMUNE DE PARIS,

Considérant que le travail, l'industrie et le commerce ont supporté toutes les charges de la guerre, qu'il est juste que la propriété fasse au pays sa part de sacrifices,

DÉCRÈTE :

Article premier. — Remise générale est faite aux locataires des termes d'octobre 1870, janvier et avril 1871.

Art. 2. — Toutes les sommes payées par les locataires pendant les neuf mois seront imputables sur les termes à venir.

Art. 3. — Il est fait également remise des sommes dues pour les locations en garni.

Art. 4. — Tous les baux sont résiliables, à la volonté des locataires, pendant une durée de six mois, à partir du présent décret.

Art. 5 — Tous congés donnés seront, sur la demande des locataires, prorogés de trois mois.

Hôtel-de-Ville, 29 mars 1871.

La Commune de Paris.

Nota. — Un décret spécial règlera la question des intérêts hypothécaires.

Cet affreux petit *nota* ne nous inquiétait guère : il avait donné satisfaction à beaucoup de nos collègues et nous espérions bien qu'on ne le remettrait pas de sitôt en discussion. L'essentiel pour nous était de gagner cette *bataille des loyers*.

Le décret fut adopté à l'unanimité, aux cris de : Vive la Commune !

Entre deux et trois heures du matin, Dereure et moi, nous regagnâmes la Butte, bras dessus, bras dessous, heureux de pouvoir dire aux camarades qu'on n'aurait pas fait un 18 Mars pour rien, et qu'en attendant mieux, nous allions remettre quittance de trois termes aux citoyens de Montmartre !

XII

LA CONSCRIPTION

C'est égal, bien que les membres de la Commune, dès leur première séance, eussent rendu trois bons décrets, les débats auxquels donna lieu la question des loyers faisaient prévoir qu'ils parlementeraient beaucoup dans la suite.

Et, en effet, ce furent les longues discussions, les atermoiements, les hésitations, qui encouragèrent l'audace des Versaillais et des mouchards à leur solde qui conspiraient en plein Paris. Les mêmes causes engendrèrent aussi les dissensions qui éclatèrent entre eux et firent que, par la suite, il y eut pour ainsi dire deux camps dans la Commune : la majorité et la minorité.

Nous étions tous animés des meilleurs sentiments et, cependant, il arrivait qu'à chaque séance on se qualifiait de *trop tièdes* ou de *trop violents*.

Le décret sur les loyers nous fut longtemps reproché. Lorsqu'un projet était en discussion, que de fois j'ai entendu de nos collègues nous dire : « Soyez plus sérieux que vous ne l'avez été au sujet des loyers ! »

Ces récriminations inutiles soulevaient de vives protestations et contribuaient à envenimer les débats. Mais il faut reconnaître que nous vivions dans une atmosphère enfiévrée, que la situation était exceptionnelle et la tâche bien lourde. Nous le sentions, et l'état d'impuissance où nous étions de triompher de tant de difficultés entretenait aussi une certaine irritation dans les esprits.

Le temps seul pouvait remédier à cet état de choses ; mais nos jours étaient comptés.

Le décret relatif à la conscription ne souleva aucune objection ; il fut adopté, non seulement à l'unanimité, mais avec enthousiasme.

Il est simple. Le voici :

LA COMMUNE DE PARIS DÉCRÈTE :

1º La conscription est abolie ;
2º Aucune force autre que la garde nationale ne pourra être créée ou introduite dans Paris.
3º Tous les citoyens valides font partie de la garde nationale.

Hôtel-de-Ville, 29 Mars 1871.

La Commune de Paris.

4

On a reproché à la Commune d'avoir rendu des décrets qu'elle ne pouvait pas de suite mettre en vigueur, et celui relatif à la conscription est de ce nombre. Cela est vrai.

Nous savions parfaitement que ce décret ne pouvait avoir force de loi dans toute la France, puisque c'est à peine si nous étions maîtres de Paris, mais ce fut moins un décret que nous rendîmes qu'une déclaration de principes que nous voulûmes faire, pour qu'on sût en province, aussi bien qu'à Paris, quel était le but que nous poursuivions.

Et comme pour les loyers, les fameux enquêteurs versaillais, partisans, cela va sans dire, des armées permanentes pour mitrailler le peuple et avoir sous la main des pelotons d'exécution, disent que la Commune a fait appel aux *appétits brutaux* de ses adhérents en abolissant la conscription.

Cependant nous venions de traverser des événements, d'essuyer des défaites qui ne plaidaient guère en faveur des armées permanentes et prouvaient une fois de plus que nous avions raison de soutenir qu'elles avaient rarement sauvé les patries envahies.

Les bourgeois de 1792 le comprirent si bien, que c'est en déclarant la patrie en danger, en faisant appel aux volontaires et en enrôlant les jeunes gens et jusqu'aux vieillards, qu'ils purent, avec des citoyens improvisés soldats, culbuter et vaincre les armées les plus aguerries et les mieux disciplinées de l'Europe. C'est aussi parce que le peuple se souleva en Allemagne (1806), en Espagne (1809), et en Russie (1813), que ces pays purent repousser l'invasion étrangère.

Oh! nous savons que les fameux patriotes de la
bonne chère et des billets de mille s'emparent de
nos déclarations pour crier par dessus les toits :
« Au crime! A la trahison! » Ces escargots patrio-
tiques, que le moindre pet de travers fait rentrer
dans leur coquille, se décernent ainsi et à bon
marché des brevets de civisme. Ils se figurent que
c'est parce qu'ils auront secoué outre mesure leurs
bras courts et leur grosse bedaine que les Prussiens
seront pulvérisés et les Annamites pacifiés et
conquis.

Est-ce que, par exemple, ces brigands de communeux, en votant l'abolition de la conscription,
la suppression des armées permanentes, et leur
remplacement par la nation armée, ont jamais eu
en tête l'idée stupide de désarmer devant les
ennemis de l'extérieur et de les attendre naïvement
les mains dans les poches ?

Plus souvent! si nous demandons que tout citoyen soit soldat, qu'il ait son fusil à la tête même
du berceau des enfants, à la place du christ en croix
et de la branche de buis bénit, c'est au contraire
pour nous opposer victorieusement aux tentatives
des conquérants et des despotes, c'est parce que
nous voulons pouvoir défendre les quelques libertés qui nous ont coûté si cher à conquérir ; pour
que la République soit invincible et puisse un jour
arborer partout le drapeau de l'émancipation des
peuples ; c'est pour qu'à la moindre menace de
coup d'Etat criminel à l'intérieur ou d'agression des
ennemis de l'extérieur, il suffise d'une volée de
tocsin pour qu'une grande armée citoyenne se

lève prête à combattre et déterminée à vaincre !

Voilà quel était l'esprit de ce beau décret de la Commune.

En le votant sans discussion et à l'unanimité, les hommes de l'Hôtel-de-Ville disaient aux jeunes gens : La loi qui fait de vous des soldats est une loi inique, elle est contraire aux principes de l'égalité. Vous jouez à la loterie les plus belles années de votre jeunesse ; il suffit d'un bon numéro, tiré au hasard, pour dispenser les uns de tout service, et d'un mauvais numéro pour arracher les autres à leur profession, à leur famille, pour en faire les défenseurs des possédants et des oppresseurs, les soutiens de ceux qui, au nom de l'ordre, du droit de propriété, de la tyrannie du capital, font des trouées abominables dans les rangs du prolétariat.

Ce beau décret répondait aussi aux colères concentrées et aux douleurs muettes des mères de famille qui devraient bien, comme nous, perdre patience et, avec nous, protester et crier que leur prendre leur enfant, c'est leur arracher les entrailles ! que ça n'est pas pour en faire de la chair-à-canon qu'elles l'ont voulu, porté, nourri, élevé ! qu'elles ne l'ont point bercé, dorloté, aimé, pour que des butors galonnés le maltraitent et l'abrutissent ! qu'elles ne lui ont point fait apprendre un métier pour qu'on en fasse une machine-à-tuer ! qu'enfin elles ne se sont pas privées de tout pendant vingt ans pour en faire un homme qu'une balle imbécile estourbira en un clin d'œil !

Quant aux patriotes de la bonne chère et des billets de mille, y compris les trente enquêteurs,

nobles et roturiers, qui veulent le maintien des armées permanentes, bien moins pour le salut de la
patrie que pour mitrailler le peuple, il y a trop
longtemps qu'ils font faire cette besogne criminelle
par leurs victimes. Ils serait temps qu'ils eussent
le courage de la faire eux-mêmes.

Et c'est pour ces raisons que les scélérats de la
Commune ont aboli la conscription.

XIII

LE MONT-DE-PIÉTÉ

Que j'en aurais à dire si je me laissais aller à
écrire tout le mal que je pense de cette institution
aux apparences philanthropiques! de cette boîte-à-
usure où les besogneux sont volés comme dans un
bois! Quelle forêt de Bondy que ce grand bazar
situé rue Paradis, par ironie, sans doute, où
sont entassées et mangées aux vers les nippes des
pauvres gens rongés eux-mêmes par le mal de
misère!

Quelle bienfaisance à la Rothschild et à la Léon
Say que ce truc de prêter trois ou quatre francs,
aux intérêts de 12 ou 15 0/0, sur des objets qui ont
coûté vingt ou vingt-cinq francs! Et ce qu'il y a
de plus scandaleux, c'est que cette spéculation in-
fâme s'exerce sur les sans-le-sou au moment même où ils sont le plus malheureux, au moment
même où ils en sont réduits à engager des vête-

ments utiles, ou des outils indispensables pour acheter du pain ou des médicaments.

— Ah! vous disent avec des larmes dans la voix ces monstres d'économistes et les bons apôtres de la bourgeoisie, ne touchez pas à cette institution : c'est la banque populaire par excellence, c'est le coffre-fort du pauvre! non seulement elle vient en aide aux nécessiteux, mais c'est aussi une source précieuse où puise l'Assistance publique pour secourir les indigents. De sorte que ce sont les pauvres qui s'assistent entre eux et qu'on a l'air de leur donner deux sous alors qu'on leur en a pris quarante.

Comment s'expliquer que la première préoccupation du peuple, un jour de révolution, soit d'écrire sur les murs des propriétés, dites nationales : « Mort aux voleurs! » et que cette menace ne s'adresse toujours qu'aux petits filous qui profitent d'une bousculade pour décrocher une malheureuse montre ou chiper un foulard de treize sous!

Puisqu'une révolution est la résultante d'iniquités qui soulèvent, à un moment donné, la colère populaire, et que ce fut dans ces conditions que le 18 Mars éclata, comment se fait-il qu'il ne soit pas venu à l'esprit des révoltés de s'emparer de suite de ces repaires-à-tripotages et d'en opérer eux-mêmes la liquidation générale au bénéfice des spoliés?

Non, comme en 1848, et comme ils le feraient encore demain, les révoltés, en 1871, attendirent patiemment qu'un décret, sage comme une image, réglât leurs petites affaires.

Ceux qui étaient à Paris pendant le siège et après la capitulation, le savent, les ouvriers avaient mis au Mont-de-Piété tous les objets sur lesquels ils avaient pu obtenir quelques sous. Les femmes et les enfants n'avaient plus que les pauvres vêtements qu'ils portaient tous les jours, et les hommes en étaient réduits à leurs habits de garde national.

Pendant la Commune, Dereure et moi, nous avons marié à Montmartre bon nombre de citoyens dont la vareuse de fédéré était l'unique habit de noce. Les braves gens s'en consolaient en disant : A la guerre comme à la guerre! après tout, ça nous donne un petit air martial qui ne déplaît pas à nos bourgeoises.

Eh bien, dès sa première séance, la Commune, sans discussion, je le reconnais, rend le décret suivant, et les traîne-misère armés jusqu'aux dents s'en contentent:

« LA COMMUNE DE PARIS

» Décrète :

» ARTICLE UNIQUE. — La vente des objets déposés au Mont-de-Piété est suspendue.

» Hôtel-de-Ville, 29 mars 1871.

» *La Commune de Paris.* »

Ce décret, qui n'a cependant rien de bien révolutionnaire, n'en fit pas moins dire aux enquêteurs, opérant pour le compte de Versailles, que la Commune avait voulu donner satisfaction aux *appétits brutaux* de ses adhérents.

Dans tous les cas, il faut avouer que les appétits
brutaux des pauvres gens n'étaient pas difficiles à
satisfaire, et que les bourgeois aux *appétits distingués* ou *délicats*, comme on voudra, ne se
seraient pas contentés de si peu, et ils auraient
eu raison.

Je dois me hâter d'ajouter que la Commune ne
rendit ce décret qu'à titre provisoire et pour répondre de suite aux craintes exprimées par les
ménagères de voir, comme je l'ai dit, le peu qu'elles
possédaient devenir la proie des brocanteurs et des
marchandes à la toilette.

En effet, à près d'un mois de là, un siècle en
temps de révolution! l'ordre du jour de la séance
de la Commune du 25 avril appelait la discussion
d'une proposition relative au Mont-de-Piété.

Je pourrais remettre l'examen de cette proposition au chapitre : *Montmartre sous la Commune,*
en raison des incidents auxquels elle donna lieu
dans le XVIIIᵉ arrondissement, lorsqu'elle fut
transformée en décret, mais voulant, quand j'en
serai là, rester exclusivement sur le terrain de la
lutte, je préfère liquider de suite cette *grosse* question, pour n'avoir plus à y revenir, au point de vue
théorique du moins.

Considérant qu'un bon décret, à l'époque où nous
étions, équivalait à une victoire remportée sur les
Versaillais, je fis tous mes efforts pour qu'on forçât
le plus possible les portes du Mont-de-Piété en
faveur des citoyens qui combattaient pour la Commune et risquaient leur vie tous les jours dans les
forts et aux avant-postes.

Je l'avoue, *à ma honte*, je me souciais peu des difficultés financières.

Dereure et moi, nous avions pour habitude, et c'était notre devoir, de nous inspirer, non seulement de l'opinion des bons citoyens qui composaient les différents comités formés dans le XVIIIe, et siégeant à la mairie, mais aussi des sentiments, des réclamations et des besoins de cette population de Montmartre qui donnait tant de preuves d'abnégation et de dévouement.

Il nous était venu de toutes parts que le décret suspendant la vente des objets déposés au Mont-de-Piété était considéré comme nul, en ce sens que ça ne mettait pas de vêtements sur le dos aux femmes et aux enfants des soldats de la Commune.

Nous communiquâmes ces plaintes absolument légitimes à nos collègues Theisz et Vermorel et nous décidâmes d'agir en conséquence et dans le plus bref délai.

Les jours s'écoulant et les occupations multiples de nos collègues nous ayant empêchés de nous réunir pour examiner les mesures qu'il conviendrait de prendre, le 25 avril, avant l'ouverture de la séance, j'avisai le citoyen Avrial et le priai de rédiger immédiatement une proposition tendant à la remise pure et simple des objets engagés au Mont-de-Piété, de la déposer sur le bureau du président et d'en réclamer l'urgence.

Le citoyen Avrial rédigea de suite son projet et nous le soumit. Je présentai quelques observations, mais il parait que j'exigeais trop et l'on me fit remarquer que c'était le moyen de ne rien obtenir. Je dus donc, après de vains efforts, accepter la rédaction suivante:

LA COMMUNE DE PARIS

DÉCRÈTE :

« ARTICLE PREMIER. — Les instruments de travail, meubles, objets de literie, lingerie, habillements, engagés dans les Monts-de-Piété, quelle que soit la date de l'engagement, au-dessous de 50 fr., peuvent être retirés gratuitement, à partir du présent jour.

» ART. 2. — Les objets susdits ne seront délivrés qu'aux propriétaires primitifs des objets.

» Le délégué aux finances sera chargé de l'exécution du présent décret. »

Notre proposition, quoique bien insuffisante, provoqua cependant des débats extraordinaires et il ne fallut pas moins de trois séances pour obtenir un résultat quasiment dérisoire.

Ce n'est, à aucun point de vue, rapetisser le caractère de la Révolution de 1871, ni faire le procès aux hommes que de constater, de sang-froid, sincèrement, que les membres de la Commune eurent des timidités et des hésitations qu'ils n'auraient certainement plus aujourd hui.

Il faut ne considérer les soixante-douze jours de la Commune que comme un apprentissage. Pour en profiter, et, à l'avenir, passer maîtres en révolution, rien ne saurait être plus instructif que les débats dont ces trois séances furent remplies.

Je vais en consigner ici les passages les plus saillants.

Le regretté citoyen Ranvier, du XXᵉ arrondissement, mort en 1880, présidait la séance du 25 avril, assisté des citoyens Arthur Arnould et Vermorel.

Lorsque le président eut donné lecture de la proposition Avrial, le citoyen Léo Meillet, tout en l'adoptant en principe, déclare qu'il serait immoral que les spéculateurs pussent profiter du décret et demande que le retrait des objets ne puisse avoir lieu sans un certificat délivré par le maire.

Le citoyen Arthur Arnould me combla de joie! Jusqu'ici, dit-il, on ne s'est occupé des travailleurs qu'au point de vue militaire, cela ne suffit pas; il est temps qu'on s'en occupe au point de vue social, et il se prononça pour la suppression du Mont-de-Piété et la gratuité des engagements.

Le citoyen Lefrançais se montra surpris qu'après avoir voté haut la main l'abolition du droit locatif pendant trois termes en faveur de tous les locataires de Paris, on hésitât à adopter ce décret; et tout en reconnaissant qu'il y aurait bien quelques abus, il se déclara pour le projet Avrial.

La crainte de voir les spéculateurs bénéficier de cette mesure éternisa les débats et multiplia les amendements: exiger une pièce constatant l'idendité du demandeur, c'était la rendre impraticable.

Le citoyen Malon le fit remarquer. Le citoyen Langevin, un brave cœur s'il en fut, jeta le premier le cri que je redoutais: et les finances! sous prétexte de ne pas faire de sentiment dans les discussions, il dit que ce qui le préoccupait le plus était de savoir quels étaient les moyens financiers à employer pour appliquer le décret.

Les gros mots étaient lâchés; la proposition ne devait pas s'en relever!

Le citoyen Avrial fut superbe : « On soulève la question des finances, dit-il, il me semble que les détenteurs du Mont-de-Piété se sont assez enrichis pour que nous puissions les inscrire sur le grand-livre de la *perte publique* ou pour les faire attendre un peu. »

Bravo!

Le citoyen J.-B. Clément appuya ces bonnes paroles de toutes ses forces : « Je demande, ajouta-t-il, qu'on ne remette pas, comme on le propose, la suite de la discussion à demain. Ceux qui n'ont plus rien à se mettre n'ont plus le temps d'attendre. Il est bien évident que si nous consultons les finances, nous rencontrerons toujours des obstacles. Quant à moi, je croyais qu'on nous avait envoyés ici pour commencer la liquidation sociale! »

Le citoyen Lefrançais fut de cet avis, mais plusieurs membres de la Commune protestèrent bruyamment contre cette demande de liquidation et se montrèrent si courroucés contre son auteur que des mots assez vifs furent échangés de part et d'autre.

Le président dut même agiter assez violemment sa sonnette pour apaiser l'orage.

Le citoyen Longuet, que nous savons tous généreux et qui se défend de l'être, je ne sais pas pourquoi, partit comme un trait. Il fit d'abord observer au citoyen Avrial que les actionnaires du Mont-de-Piété ne s'étaient *pas enrichis autant qu'il le*

pensait; qu'il ne leur était guère possible de s'en-
richir au delà de l'intérêt légal, etc., etc. Puis, de
sa voix à dominer le tonnerre, il foudroya en ces
termes le citoyen J.-B. Clément... qu'on mettra un
jour dans l'obligation de couper en morceaux des
femmes et des petits enfants pour prouver qu'il
n'est pas aussi sentimaliste qu'on veut bien le
dire :

— Je suis, pour ma part, tonna le citoyen Longuet, absolument hostile à cette politique d'entraî-
nement, dont le représentant le plus ardent dans
cette discussion a été le citoyen J.-B. Clément; à
cette politique qui déjà vous a fait bâcler le décret
sur les loyers en quelques heures. (Et moi qui
trouvais qu'on l'avait encore beaucoup trop discuté!) Je suis hostile à cet idéalisme, ce sentimentalisme fraternitaire qui, dans un mouvement
d'enthousiasme, vous fait voter des mesures qui
devraient être non retardées, mais mûries. N'a-
vons-nous pas tous dit que, sous le régime d'une
Commune indépendante, Paris verrait enfin ses
intérêts de tout ordre satisfaits après enquête,
après débats contradictoires? »

Oh! il y en avait aussi, des débats contradictoires, et de rudes, aux avant-postes et dans les
forts, entre les fédérés et les Versaillais, et nos
pauvres camarades n'avaient pas toujours le dessus. Je trouvais que c'était déjà bien assez de ces
débats contradictoires-là, sans que nous en eussions encore à l'Hôtel-de-Ville, surtout lorsqu'il ne
s'agissait que de décréter une restitution si simple
et si légitime. Et, dans ce cas, je ferai toujours bon

marché des difficultés financières et de la préten-
due science économique!

Malgré les protestations des citoyens Frankel,
Allix et autres, une proposition de remettre la
suite de cette discussion au lendemain fut mise aux
voix et adoptée.

Le président leva la séance. Il était sept heures.

Mauvaise journée! pouvait-on enregistrer le soir,
au *bulletin de santé* de la Commune.

Et, ce jour-là, le rapport militaire disait :

ISSY. — Grand mouvement de troupes versaillaises, Moulin-de-Pierres nous envoie quelques
obus.

ASNIÈRES. — Rien de nouveau.

NEUILLY. — Evacuation des habitants.

MONTROUGE-BICÊTRE. — Forte canonnade sur
Châtillon.

. . . .

Un peu découragé et très fatigué de ces irritantes
discussions, je regagnais Montmartre, avec la
ferme intention de donner ma démission de membre
de la Commune et de reprendre mon service dans
le 120e bataillon qui était aux avant-postes.

Dereure, Joffrin, Edouard Kleinmann, Vivier,
Moreau, Bérard, Brière, enfin tous les membres
des commissions d'armement militaire et municipal
s'y opposèrent.

Les raisons qu'ils firent valoir me forcèrent, mais
à regret, à revenir sur ma résolution.

XIV

UNE DÉLÉGATION

Je savais aussi bien que ceux de mes collègues qui me reprochaient mon impatience et mon sentimentalisme, que ce n'était pas parce qu'on aurait fait remise aux soldats de la Commune de tout ce qu'ils avaient au Mont-de-Piété qu'on aurait résolu le problème social ; mais je maintenais, et j'avais cent fois raison, qu'ils n'obtiendraient matériellement rien d'immédiat de ce grand mouvement que ce que nous leur donnerions et ce, qu'après tout, ils étaient bien en droit de prendre.

Voilà pourquoi j'avais tant insisté pour qu'on leur fît remise des termes dûs et pourquoi j'insistais tant encore pour qu'on ne leur marchandât pas la restitution des objets qu'ils avaient été forcés d'engager.

N'avions-nous pas raison aussi de nous opposer, à quelques-uns, à la remise des débats, quand on songe que ce ne fut seulement que huit jours après, c'est-à-dire le 3 mai, et très tard, qu'on proposa de reprendre cette discussion ? Le citoyen Jourde fut même obligé de faire remarquer que c'était toujours à la fin des séances qu'on reportait l'étude de ce projet. L'assemblée tenant compte de cette observation, la question fut encore remise et ne revint plus à l'ordre du jour que le 6 mai, c'est-à-dire à onze jours de la séance du 25 avril.

Ces atermoiements inspiraient aux intéressés les réflexions les plus justes, mais en même temps les plus défavorables pour les hommes de la Commune.

— On croirait, disait-on, qu'ils ont pris à cœur de sauvegarder, avant tout, les intérêts des capitalistes. Sous l'empire et sous le gouvernement du 4 Septembre aussi, on rendit des décrets faisant remise d'objets engagés au Mont-de-Piété et l'on ne discutait pas comme on le fait aujourd'hui.

Et bien des fédérés s'en allaient aux tranchées, maugréant, tout tristes, et sous l'influence des réflexions que faisaient les ménagères qui n'avaient plus rien à se mettre ni leurs enfants non plus.

Mais bah! si vous vous avisez d'envisager ce côté de la question, d'entrer dans ces détails terre à terre qui, cependant, tiennent tant de place dans la vie des besogneux et la leur rendent insupportable, pénible au possible, vous voilà de suite traité de sentimentaliste, ce qui n'est en somme qu'une façon plus polie de vous traiter d'idiot.

Je suis convaincu, cependant, que c'est beaucoup par sentimentalisme que les dirigeants tiennent tant au bien-être et font le nécessaire pour mettre leur progéniture à l'abri des difficultés de la vie et des horreurs de la misère.

Eh bien, je ne cesserai de le répéter : si tous ceux qui travaillent, luttent et souffrent, ayant bons bras et bon courage, étaient bien pénétrés de ce sentimentalisme-là, il n'y en aurait pas pour vingt-quatre heures à faire table rase de la vieille société.

Quand je dis que nos hésitations produisaient un effet déplorable, je vais en citer une preuve à l'appui.

Le 1ᵉʳ mai, nous reçûmes, à la mairie, quelques gardes nationaux envoyés en délégation par leur bataillon revenu la veille du fort d'Issy, après avoir subi des pertes considérables, que les rapports militaires avaient portées comme toujours au compte des Versaillais.

Le citoyen que les délégués avaient désigné pour prendre la parole en leur nom, était un ouvrier d'une quarantaine d'années, père de cinq enfants et républicain de vieille date. Il avait, à plusieurs reprises, été en prison sous l'empire pour avoir défendu les droits de ses camarades et fait de la propagande antiplébiscitaire. Il s'était battu héroïquement contre les Prussiens ; le 18 Mars, il était au premier rang des défenseurs de la Butte, et sa belle conduite à la sortie du 9 avril, au combat d'Asnières, au fort d'Issy et ailleurs, l'avait fait surnommer l'Intrépide.

C'était du reste par un de ces mots heureux que les fédérés avaient pour coutume de décorer leurs camarades, et j'en connais, qu'aujourd'hui encore, on ne désigne plus que sous le glorieux surnom qu'ils ont gagné sur nos champs de bataille à nous.

— Citoyens, me dit-il, nous sommes délégués auprès des membres de la Commune que nous avons élus à Montmartre, pour leur demander s'ils croient que nous les avons envoyés à l'Hôtel-de-Ville pour y faire des discours, pendant que nous autres, nous nous faisons trouer la peau. Quoi !

nous sommes presque tous des pères de famille,
nous avons fait une révolution, et pendant que nous
nous battons aux avant-postes pour en défendre
les principes, vous discutez des éternités, pour
rendre le moins possible des hardes que nous
avons au Mont-de-Piété! Vous vous occupez des
intérêts des actionnaires de ceci et de cela, qui
sont en ce moment à la campagne ou ailleurs, qui
ne nous ménageront pas si nous sommes vaincus;
et pendant ce temps-là, nos femmes vivent dans
les transes qu'on leur rapporte leur homme tué ou
blessé; les trois quarts du temps, elles n'ont pas
seulement de quoi faire bouillir la marmite, et
les enfants qui ne mangent pas à leur faim, sont le
derrière tout nu et les manches pareilles!

— Très bien! firent les autres délégués.

Un vieux de la vieille qui avait deux balafres, l'une
à la joue et l'autre au cou, me dit en me les montrant : Citoyen, voilà mes états de services révolutionnaires, j'ai toujours étrenné, moi; j'ai reçu ça
en Juin 1848, à la barricade du faubourg Antoine,
et çà sur le boulevard, au coup d'Etat. Eh bien,
cette fois encore, je voudrais bien que ça soit pour
quelque chose.

Qu'avais-je à répondre?

— Nous ne comprenons réellement pas, continua-t-il, que vous hésitiez encore à prendre des
mesures énergiques et que vous mettiez toujours
en avant la pénurie de vos finances. Vous avez la
Banque; eh! nom de dieu de nom de dieu! faites
une trouée dedans, et s'ils ne sont pas contents,
nous sommes là!

— Voyons, reprit l'Intrépide, vous êtes là-dedans quatre-vingts qui chipotez pour nous rendre quelques hardes, vous êtes là que vous ménagez les intérêts des autres et, cependant, *votre* journal officiel...

— Pardon, *le nôtre*, citoyen, dis-je.

— Soit! le *Journal officiel* de la Commune nous fournit pourtant la preuve que nous sommes en droit d'agir révolutionnairement et qu'il le faut. Tenez, je vous ai apporté l'*Officiel* du 24 mars et celui du 20 avril. Celui du 24 mars contient la statistique suivante, attendez, je vais lire :

Statistique de la richesse publique de la France.

La richesse mobilière et immobilière de la France étant de 310 milliards — le nombre des ménages de 13,950,000 — se trouve répartie de la manière suivante :

Premier groupe. — 7,200,000 ménages d'indigents de toute espèce, travailleurs au salaire minime, possédant des hardes, instruments de travail : 10 milliards.

Deuxième groupe. — 3,600,000 ménages d'ouvriers possédant la terre ou le métier qui leur permet de travailler à leur compte : 20 milliards.

Troisième groupe. — 1,800,000 de petite bourgeoisie, commerce de détail : 40 milliards.

Quatrième groupe. — 900,000 de moyenne bourgeoisie, commerce de gros : 80 milliards.

Cinquième groupe. — 450,000 de grands propriétaires, gros capitalistes : 160 milliards.

— Voyons, citoyen, vous ne voyez donc pas qu'en lésinant comme vous le faites, vous servez les intérêts de 4 à 500,000 ventrus seulement et que vous sacrifiez peut-être plus de 20 millions de crève-de-faim! Il n'y a pas, les chiffres sont là, lisez vous-même.

— Oh! je sais!

— Et, tenez, continua l'Intrépide, qui était tenace et qui avait bien raison de l'être, pendant que vous parlottez et que vous hésitez à donner un bon coup de balai dans toutes ces cassines à usure, comme le Mont-de-Piété et autres, voyez un peu comment les scélérats de Versailles traitent nos camarades. C'est l'*Officiel* du 20 avril. Écoutez-moi ça :

L'*Union démocratique,* de Nantes, raconte en ces termes le passage des prisonniers de la garde nationale parisienne en gare de Nantes :

« Deux trains sont passés hier pour Redon, venant de Versailles, remplis d'environ 2,000 hommes.

» Ils étaient entassés pêle-mêle dans des wagons de marchandises dont toutes les issues étaient condamnées. Quelques-uns seulement ont pu être aperçus par les personnes présentes sur leur passage. Leurs vêtements étaient en lambeaux.

» Cette nouvelle transportation se dirigeait sur Belle-Ile, cette casemate isolée au milieu de l'Océan, où, il y a quelques années, le Corse, de sinistre mémoire, envoyait, lui aussi, ceux qu'on appelle, par habitude réactionnaire, des « insurgés... »

— Eh bien, qu'en dites-vous ?

— Mais je sais tout cela.

— Eh bien, alors?

— Eh bien, alors! il faut aller dire à la Commune ce que vous venez de me dire à moi.

— C'est donc toujours la même chose! dit, en soupirant, le vieux de 48.

— Vous êtes dur, citoyen, répondis-je. Savez-vous ce qu'il faut faire? Il faut convoquer ici, demain ou après-demain au plus tard; mes collègues Theisz, Vermorel, Dereure, Ferré, Arnold, et leur répéter ce que vous venez de me dire; j'y tiens, attendu que je suis absolument de votre avis et que je trouve que vos citoyennes ne feraient pas mal d'aller faire un tour au Mont-de-Piété et d'y reprendre leur bien.

— Puisque c'est ça, nous allons voir, dirent les délégués.

Et l'on se donna tout de même une bonne poignée de main en se quittant.

Cet aveu fera peut-être sourire, mais j'avoue qu'ils me laissèrent triste et le cœur gros.

Joffrin et Vivier, à qui je fis part des observations des délégués, furent absolument de leur avis. J'en informai également Theisz et Vermorel.

L'Intrépide retourna aux tranchées, et la convocation tomba dans l'eau.

Je n'ai jamais su ce qu'était devenu l'Intrépide; quant au vieux de 48, nous le retrouverons avec les citoyens Gambon, les deux frères Ferré, Géresme, Lacord, Penet, et quelques autres combattants de la dernière heure, le dimanche 28 mai, rue Fontaine-au-Roi, faisant le coup de fusil à la barricade où flottait encore le drapeau de la Commune!

XV

REPRISE DES HOSTILITÉS

Si les débats relatifs au Mont-de-Piété cessèrent le 25 avril et ne recommencèrent que le 6 mai, cela ne veut pas dire qu'on ne fit rien à l'Hôtel-de-Ville pendant ces onze jours. On y décréta la démolition de la chapelle Bréa et de la colonne Vendôme ; la formation d'un Comité de Salut public; puis, comme hors-d'œuvre, on y reçut les francs-maçons, avec force discours et embrassades. Enfin, le citoyen Beslay, dit le doyen de la Commune, se donna la douce satisfaction d'adresser une longue lettre au misérable Thiers, qui dut bien rire en la lisant si, toutefois, il s'en donna la peine.

On se demande quel intérêt trouva la Commune à faire afficher cette lettre sur les murs de Paris?

Quelle influence pouvaient exercer sur l'esprit de la population parisienne et sur le criminel entêtement de l'assassin en chef de Versailles, les souvenirs de collège et les cris de désespoir du citoyen que la Commune avait eu la malheureuse idée de nommer son délégué à la Banque.

Les braves gens des faubourgs ont dû se tordre ou rire jaune, en s'arrêtant devant cette affiche épistolaire, qui commence ainsi : « Au *citoyen* Thiers, chef du Pouvoir exécutif de la République française. »

C'était, premièrement, à vous dégoûter pour toujours du qualificatif de citoyen, que de le voir accoler au nom de ce sinistre gredin ; et, secondement, c'était à se demander si c'était à Versailles ou à Paris qu'était la République, que de le traiter de chef du..., etc, etc.

Je ferai grâce à mes lecteurs de ce hors-d'œuvre si peu de circonstance, et me contenterai de renvoyer les amateurs de curiosités épistolaires au *Journal officiel* de la Commune du 26 avril.

Nous voici arrivés à la séance du 6 mai. Le citoyen Ostyn préside tout d'abord ; il est ensuite remplacé par le citoyen Vésinier.

Cette fois, on est bien décidé à traiter la question et à la résoudre. Trois propositions sont successivement remises au bureau et renvoyées à une autre séance.

Le citoyen Lefrançais a le premier la parole, comme membre de la commission des finances. Il cite des chiffres très intéressants et qui en disent plus que de longs discours :

« Après renseignements pris auprès du citoyen André Cochut, directeur du Mont-de-Piété, il résultait qu'en admettant le projet de décret fixant le maximum à 50 francs et en ne tenant compte que des vêtements, linge, literie et instruments de travail, on aurait eu environ 1,200,000 articles à dégager, représentant une valeur d'engagement de douze millions, et peut-être plus !

« A 30 francs, on aurait eu un million d'articles représentant 9 millions, espèces. »

Ces chiffres en disent assez, j'espère.

Quelle misère et que d'intérêts à payer ?

« A 20 francs, le nombre des objets engagés ne descendrait pas au-dessous de 900,000 francs ! Ce qui s'explique facilement, dit en terminant le citoyen Lefrançais, par ce fait que le nombre d'engagements est loin d'être proportionnel à la somme prêtée sur chaque objet et qu'il y a infiniment plus d'articles à trois francs qu'à cinquante francs.

Le citoyen Jourde qui, en sa qualité de délégué aux finances, avait une grande responsabilité, je le reconnais, étant donné qu'il n'était pas comme moi tout à fait disposé à passer par dessus les difficultés financières, dit qu'il faudrait trouver le moyen de faire une liquidation, mais à la condition qu'on mit autre chose à la place du Mont-de-Piété. Il propose d'abord de mettre, en attendant une réorganisation, une somme de 100,000 francs par semaine à la disposition du Mont-de-Piété, ensuite de *payer l'intérêt aux actionnaires...!?*

Après les observations de quelques citoyens, le chiffre de 20 francs, comme maximum, paraît l'emporter.

Avrial revient à la charge : Il demande qu'on en finisse, que le décret soit rendu le soir et valable le lendemain même.

Et sa voix se perd dans un trémole formidable de : Oh ! oh !

Quel malheur ! pensais-je, que le citoyen l'*Intrépide* et mon vieux de 48 ne soient pas là ! Et je fis tous mes efforts pour les remplacer.

Enfin, on nous dit qu'étant donné 1,200,000 ar-

ticles à dégager, il faudrait de dix mois à un an
pour les rendre aux intéressés.

Or, à un an de là, des milliers de communeux
avaient passé par les conseils de guerre, par le
plateau de Satory ; les uns avaient été condamnés
à la déportation, les autres au bagne, et 35,000, au
moins, avaient été fusillés.

Le citoyen Dereure demande que les livres soient
compris dans le décret.

Un de nos collègues, qui avait sans doute les romans en horreur, ajoute : « Les livres de science
seulement. »

Le citoyen Parisel fait remarquer que « si
l'on descend à 20 francs, après avoir proposé le
chiffre de 50 francs, il faudra que les raisons en
soient bien motivées au public. »

Je me demande ce que ce bon public en aurait
pensé ?

Parisel propose en outre que la mesure soit éten-
due aux outils, machines à coudre, dont le prêt dé-
passerait même 50 francs.

Tout à coup le citoyen Urbain, plaidant en faveur
d'un article dont on semblait ignorer l'existence,
demande qu'un objet *précieux*, que *l'anneau de
mariage* ne soit pas oublié non plus.

Les interruptions que cette proposition soulève
semblent témoigner du peu de respect de l'assemblée à l'endroit de ce doux emblème des liens con-
jugaux.

Le citoyen Lefrançais déclare qu'il n'en est pas
partisan, attendu que *l'anneau de mariage* lui paraît une fantaisie sentimentale et catholique.

Le citoyen Urbain qui, après tout, tient moins à l'anneau de l'hyménée qu'à sa bonne renommée, demande qu'on respecte son opinion et proteste énergiquement contre la douce gaieté de quelques-uns de ses collègues qui rient dans leur barbe.

Les citoyens Allix, Billoray, Sérailler, Dereure, Arthur Arnould, Jourde, font de leur mieux pour éclairer le débat, qu'un tas d'amendements embrouille de plus en plus.

Avrial et moi nous portons déjà le deuil de notre projet.

Dans la crainte de n'arriver à rien, le citoyen J.-B. Clément fait une proposition qui mériterait la corde : il accepte de descendre de 50 fr. à 30 fr. en demandant que les instruments de travail engagés pour plus de 30 fr. puissent être retirés en ajoutant le surplus.

Oh ! si l'*Intrépide* avait été derrière lui ! Et le vieux de 48, donc !

Enfin, on réclame la clôture à grands cris. Elle est mise aux voix, et, qui le croirait ?... adoptée !

Il y a averse d'amendements ; chacun tient au sien, comme au fruit de ses entrailles.

Ceux des citoyens Urbain, Billoray, J.-B. Clément sont repoussés.

Celui du citoyen Dereure, relatif aux livres — de *science* ou non — est adopté.

Les chiffres de 50, 30 et 25 francs sont successivement mis aux voix et rejetés ; cependant, celui de 30 n'est repoussé qu'à quelques voix de majorité.

On arrive à la pièce de résistance. Le président donne lecture du projet du délégué aux finances :

LA COMMUNE DÉCRÈTE :

Article premier. — Toute reconnaissance du Mont-de-Piété, antérieure au 25 avril 1871, portant engagement d'effets d'habillement, de meubles, linge, objets de literie et instruments de travail, ne mentionnant pas un prêt supérieur à vingt francs, pourra être dégagée gratuitement à partir du 12 mai courant.

Art. 2. — Les objets ci-dessus désignés ne pourront être délivrés qu'au porteur, qui justifiera, en établissant son identité, qu'il est l'emprunteur primitif.

Art. 3. — Le délégué aux finances sera chargé de s'entendre avec l'administration du Mont-de-Piété, tant pour ce qui concerne le règlement de l'indemnité à allouer, que pour l'exécution du présent décret.

L'ensemble du projet est mis aux voix et adopté.

A l'issue du vote, il ne vint à l'idée d'aucun de nous de crier : « Vive la Commune! » comme nous l'avions fait spontanément, lors de l'adoption du décret sur les loyers.

Encore une bien mauvaise journée de plus! pouvait-on enregistrer, le soir, au bulletin de santé de la Commune.

... Et ce jour-là, on lisait au rapport militaire :

Neuilly : Canonnade très intense.

Asnières : Maison effondrée par projectiles versaillais. Citoyenne ensevelie. Versaillais bombardent Clichy.

Vanves : Bombardé toute la nuit.

Issy : Toujours canonné par Moulin-de-Pierre et Meudon.

Clamart : Vive fusillade des tranchées et de la gare de Clamart.

Montrouge : Forte canonnade du bas Fontenay.

Bicêtre : Forte canonnade sur Bagneux.

Il n'est point fait mention du nombre de nos morts et de nos blessés qui, les uns et les autres, avaient plus de reconnaissances du Mont-de-Piété que de pièces de cent sous.

XVI

FICHE DE CONSOLATION

Il serait injuste de ne pas tenir compte des difficultés innombrables qu'on rencontrait chaque fois qu'on se trouvait en présence d'un problème économique à résoudre. Les réformateurs les plus sincères et les économistes les plus diplômés peuvent noircir encore bien des rames de papier, ils ne parviendront pas à démontrer que nous nous trompons, quand nous déclarons que la vieille société est une ruine et qu'elle ne peut être reprise en sous-œuvre.

Or, pour que la Commune ne perdît pas son temps en discussions puériles et irritantes, pour qu'elle n'eût pas à rendre de décrets aussi insuffisants que celui sur le Mont-de-Piété, il fallait qu'elle procédât comme elle le fit pour la chapelle Bréa et la colonne Vendôme, dont elle décréta sans phrases la démolition.

Le pouvait-on? Je le crois. Le peuple lui-même y était-il bien préparé? Mon avis est qu'il aurait laissé faire. Cependant là est la question.

Je dois dire que j'ai vu à la dernière heure, aux derniers moments de cette lutte terrible, des citoyens, et des meilleurs, et des plus convaincus, n'ayant aucun espoir d'échapper au massacre, avoir encore le respect de la propriété, au point d'obéir aux ordres d'un concierge, qui ne voulait pas qu'on fît une meurtrière dans le mur de la maison dont il était le gardien. Et cela se passait, rue Fontaine-au-Roi, le dimanche 28 Mai, vers les onze heures du matin!

Que de faits aussi surprenants se sont produits à Montmartre et dont je parlerai en temps et lieu!

Il ne serait pas juste non plus d'avoir commenté les débats que souleva une question si simple et d'avoir constaté l'insuffisance du décret rendu dans la séance du 6 mai, sans faire mention d'un rapport remarquable, rédigé par la *Commission du travail et de l'échange*, sur la liquidation des Monts-de-Piété. Quant à tout ce qui a été dit pour et contre le projet, au cours de cette longue discussion, on voit de suite ce que la Commune aurait su faire dans l'avenir.

Ce rapport, en somme, est bien un peu une fiche de consolation.

En présence de ce document, qui fait honneur à ceux qui l'ont signé, la mauvaise foi des enquêteurs dépasse encore leur ânerie, car, bien que notre rapport dise que si *l'on supprime*, *il faut remplacer*, et que la liquidation des Monts-de-Piété n'y soit qu'à l'état de projet, ils la dénoncent comme un fait accompli. Écoutez-les braire :

« Le *Journal officiel* de la Commune publie un rapport de la Commission du travail et de l'échange concluant à la liquidation radicale des Monts-de-Piété. On ferme ainsi aux travailleurs la seule source de crédit qui leur soit ouverte en temps de chômage et de maladie ; on supprime ainsi une institution utile, sans avoir rien à mettre à la place, etc. »

Elle est propre, l'institution utile ! Ce qui vaut autrement mieux que cette institution, ce sont les bonnes rentes dont jouissent les enquêteurs, et qu'ils prélèvent sur le salaire des producteurs qui sont obligés de courir au Mont-de-Piété emprunter trois francs sur leurs nippes pour manger, et que, neuf fois sur dix, ils ne peuvent pas dégager.

Elle est jolie ! la source de crédit à 12 ou 14 pour cent d'intérêts ! Et quelle belle organisation sociale que celle qui n'offre d'autres ressources aux travailleurs que d'engager pour cent sous ce qui leur a coûté vingt ou trente francs, pour vivre en temps de chômage ou se soigner en cas de maladie !

J'entends dire à chaque instant, et ça me met hors de moi, que les femmes ne comprennent rien à la question sociale, qu'elles ne veulent même pas en entendre parler. Allons donc !

Et après tout, combien donc y a-t-il d'hommes qui s'en occupent sérieusement ? S'il est vrai que les ménagères, qui sont les premières économistes du monde, puisqu'elles doivent résoudre tous les jours le problème difficile de faire vivre la maisonnée à l'aide du salaire insuffisant de leur mari, se désintéressent de cette question, la faute en est aux hommes.

Les trois quarts, et c'est une honte, se contentent de leur flanquer des enfants et de la misère, de leur apporter leur paie et de leur dire : « Arrange-toi comme tu pourras. »

De sorte que la femme, fatiguée de cette lutte de chaque jour, finit par en rendre son compagnon responsable, au lieu d'en accuser la mauvaise organisation sociale.

De sorte que, et c'est bien fait pour lui, l'homme en rentrant trouve une femme triste et désagréable ; de là des querelles de ménage qui n'en finissent plus et qui ont une influence des plus funestes sur l'esprit des enfants.

Ah ! citoyens, que vous comprenez mal l'existence et que vous faites bien votre malheur vous-même, en ne flanquant pas un bon coup d'épaule pour en finir avec le vieux monde et organiser la vie sur des bases de justice et d'égalité !

Vous prêchez dans le vide, dit-on encore ; les femmes ne lisent pas les digressions que vous vous évertuez à leur faire sur les iniquités et les misères dont elles sont les premières victimes. Elles préfèrent de beaucoup des romans à sensation, épicés de coups de poignards, d'enfants étranglés et de femmes coupées en morceaux. La faute en est encore aux hommes qui, à l'aide de ces lectures malsaines, espèrent détourner l'attention de la femme de ce roman réel et beaucoup plus horrible dont elle est la malheureuse héroïne.

Allons donc! si elles ne savent pas ce qu'elles doivent lire, à vous, qui vous flattez d'être les mâles, les plus forts et les plus intelligents, de le leur enseigner. Si elles ne le comprennent pas, à vous, de le leur faire comprendre.

Du reste, les hommes qui soutiennent ces théories qui ravalent la femme, me font rire.

Je prétends, moi, que toutes les mères de famille sont socialistes d'instinct, de par la force des choses ; en un mot, qu'il y a plus de femmes socialistes que d'hommes, et que, si un jour de révolution on les laissait faire, au nom de la famille, au nom du droit à l'existence, et de toutes les misères qu'elles ont endurées, elles n'iraient pas par trente-six chemins, comme le font les hommes, pour faire justice des scélérats, des exploiteurs, et faire une indispensable et prompte liquidation sociale.

La question du Mont-de-Piété doit les intéresser au plus haut point. C'est bien plus qu'une question économique pour elles, c'est un drame. Que peuvent faire les intrigues amoureuses des femelles du grand monde, la mort par le fer ou le poison des personnages imaginaires des romans en vogue, à côté de la situation poignante, cruelle, dans laquelle elles se trouvent si souvent, d'être là, pleurant auprès d'un berceau dans lequel agonise leur enfant qui va mourir et qu'on aurait pu sauver si on avait eu les moyens de le changer d'air, de l'emporter, comme les petits des riches, dans un pays, à fleurs et à soleil; si on avait pu lui donner les bonnes choses que le médecin avait ordonnées? Mais tout, jusqu'aux médicaments, tout a manqué, sauf les larmes de la mère, les larmes qui ne vengent pas plus qu'elles ne guérissent les enfants qui meurent du mal de misère.

N'est-ce donc pas mille et mille fois plus tragique d'être là, dans un de ces moments de désespoir, à bouleverser les tiroirs, les coins et recoins, pour rassembler ses dernières nippes, courir au Mont-de-Piété, avec la crainte qu'on n'en veuille pas, chercher trois francs pour acheter des médicaments pour le petit malade qui se meurt et du pain pour les autres !

Eh bien ! je l'ai dit, on a beaucoup trop discuté à la Commune, mais c'est un devoir aussi d'en donner les raisons et de prouver, à l'appui de documents, qu'on y était bien intentionné cependant.

Comparez aux âneries des enquêteurs officiels les opinions émises dans leur rapport par les membres de notre *Commission du travail et de l'échange.*

Je passe sur une étude très consciencieuse et très bien faite, remontant à l'origine du Mont-de-Piété, pour ne signaler à l'attention des lecteurs et des lectrices en particulier, que les points du rapport qui les intéressent directement.

Il y est établi qu'on prélève sur la misère des emprunteurs de 12 à 14 pour cent. Que cette institution a, comme tant d'autres, des actionnaires. Ceux-ci ne reçoivent, il est vrai, que de très petits intérêts, mais ces intérêts n'en proviennent pas moins d'un système d'usure exorbitant exercé sur les pauvres.

En 1869, les bénéfices du Mont-de-Piété se sont élevés à la somme de 784,737 fr. 53 c. N'oublions pas surtout les centimes ! ce sont les *louis d'or* des pauvres.

C'est peu, disent les financiers, habitués à des millions de bénéfices annuels.

Et vos bénéfices à vous, bonnes gens, qui êtes les clients habituels des Monts-de-Piété, de combien sont-ils ?

On dira aussi qu'il est prélevé un tant pour cent sur les opérations du Mont-de-Piété, en faveur de l'Assistance publique, pour les hôpitaux et les secours aux indigents. Ne pourriez-vous pas vous secourir mieux vous-même, et n'est-ce pas comme je l'ai dit, les pauvres s'assistant entre eux et à l'aide de leurs propres deniers, alors qu'on prétend les secourir officiellement, et que, les trois quarts du temps, il n'y a de place pour leurs vieillards et leurs malades ni dans les hospices, ni dans les hôpitaux ?

Il est établi également que les emprunteurs, constamment aux prises avec le chômage et la misère, se trouvent avoir des employés qui ne chôment jamais et sont payés très régulièrement : les appointements annuels des employés du Mont-de-Piété s'élevaient alors à 960,000 francs.

S'en tenant à l'année 1869, le rapport constate qu'il a été prêté 38 millions de francs sur une quantité considérable de gages d'une valeur réelle d'environ 180,000,000. Il en résulte donc que cette admirable institution détient et immobilise une valeur de 180 millions pour prêts de 38 millions.

Voilà pour le côté chiffre de la question et ça n'en est pas le moins intéressant.

Passons maintenant aux vues et appréciations de notre Commission de travail :

« En fait, les prêts sur gages soulagent momentanément les classes laborieuses dans le cas de chômage ou de maladies, cas fréquents, qu'une organisation sociale équitable doit prévoir, et qu'elle a pour mission de prévenir et de soulager effectivement sans en bénéficier.

« Ils n'ont pas davantage leur raison d'être dans les moments de crise générale, où les charges que supporte la société doivent être réparties d'une façon normale.

« La liquidation des Monts-de-Piété est donc indispensable au double point de vue de l'immoralité de leur principe et de la nullité absolue de leur fonctionnement économique. »

Mais les enquêteurs officiels ne se donnent même pas la peine de relater les trop grandes précautions que prend notre Commission pour opérer la liquidation des Monts-de-Piété et en rembourser les actionnaires.

Dans ses conclusions, elle dit avec vérité : « Que les ressources momentanées que les travailleurs trouvent dans les prêts-sur-gages sont souvent une cause de misère dans la famille. »

Enfin elle termine ainsi :

LA COMMUNE

DÉCRÈTE :

Article 1er. — La liquidation des Monts-de-Piété est prononcée.

Art. 2. — Les créanciers des Monts-de-Piété recevront (non pas le pied au derrière comme semblent l'insinuer les enquêteurs officiels), en échange de leurs titres, une reconnaissance garantie par la Commune et remboursable en cinq années, par trimestre.

« *Les objets appartenant aux familles des citoyens morts pour la Commune seront rendus gratuitement.*

« *De même pour les gardes nationaux dont les blessures seront assez graves pour motiver une cessation de travail.* »

Bref, voici une annexe au projet qui vaut autrement mieux que tous les discours du monde :

« *Gratuité absolue aux veuves et aux orphelins des citoyens morts en défendant la Commune.*
« *Gratuité absolue aux blessés.*
« *Gratuité absolue aux nécessiteux.*

J'ai tenu à mettre sous les yeux des lecteurs ces quelques passages du rapport de la *Commission du travail et de l'échange* pour qu'ils ne restent pas sous l'impression plus ou moins pénible des débats enfantins qui remplirent les séances du 25 avril et du 6 mai.

En somme, jusqu'à nouvel ordre, Dereure, Avrial, Lefrançais et moi, nous eussions voté des deux mains les conclusions de ce projet ; et si elles eussent été adoptées, il va sans dire que les citoyens et les citoyennes de Paris auraient crié : Bravo ! la Commune !

XVII

LES DEUX TERREURS

La bourgeoisie, qui sait utiliser les maximes au mieux de ses intérêts et qui a mis à profit tout le répertoire de la bande à Loyola, ne pouvait réellement pas trouver de plus dignes interprètes que les trente rhéteurs solennels de la Commission d'enquête officielle.

Comme je l'ai fait remarquer, nobles et bourgeois ont fait cause commune pour achever à grands coups de rapports lourds et haineux les combattants de 1871.

Aussi, ayant dit : Après nous la fin du monde ! Les bourgeois devaient-ils ajouter : La fin justifie les moyens.

De là leur alliance avec ceux à qui ils ont fait rendre gorge autrefois, et de là aussi les moyens expéditifs qu'ils emploient pour dompter le peuple.

On est cependant bien en droit de se demander ce que venaient faire, en cette circonstance, ces revenants de l'autre monde qui se targuent de particules qu'ils ne sont plus autorisés à porter et qui tombent, par ce fait, sous le coup de l'article du Code pénal condamnant à la prison tout individu reconnu coupable de port illégal de titres, décorations, etc.

Ces déblasonnés et détitrés oublient par trop

5

facilement que nous ne sommes pas encore à cent
ans d'une séance mémorable, où les plus emparche-
minés de France vinrent à l'Assemblée nationale restituer, en pleine nuit, ce qu'ils avaient volé
en plein jour.

Qu'on ne l'oublie pas : Ce fut dans la fameuse
nuit du 4 Août 1789. Entre une heure et deux
heures du matin, des ducs et des marquis y firent
les aveux les plus touchants. Un certain duc d'Ai-
guillon alla même jusqu'à dire : « Qu'en votant la
veille des mesures de rigueur contre ceux qui atta-
quaient les châteaux, un scrupule lui était venu :
qu'il s'était demandé si ces hommes étaient bien
coupables, et que sa conscience lui avait répondu :
Non ! »

Un autre, Breton endurci et fanatique jusque
dans la moëlle des os, va plus loin encore dans la
voie des aveux. Plus révolutionnaire que les jaco-
bins eux-mêmes, s'adressant à l'Assemblée nationale, il lui reproche en termes violents « de n'avoir
pas su prévenir l'incendie des châteaux en brisant
les abus qui ravalent l'homme à la bête de somme,
l'attèlent à la charrette comme l'animal, outragent
la pudeur et sont une insulte à l'humanité ! » Puis
il s'écrie : *Soyons justes ! qu'on nous les apporte
ces titres, monuments de la barbarie de nos pères.
Qui de nous ne ferait un bûcher expiatoire de ces
infâmes parchemins ?*

Et enfin ! Et enfin ! De huit heures du soir à deux
heures de matin, ce ne fut qu'un débordement de
tendresse, de repentirs, de sacrifices ! Tout, tout,
privilèges, titres, etc., fut déposé sur l'autel de la

patrie et offert en holocauste à la justice et à l'humanité !

Donc, enfoncés les blasons, les parchemins ! Plus de corvées, de redevances, de droit du seigneur, de serfs battant les étangs la nuit pour que ces effrontées de grenouilles n'empêchent pas de dormir, après ripaille, les gros marquis et les petites duchesses !

Enfoncés à tout jamais, dans le passé et dans l'avenir, les gens à particules. Des siècles de barbarie se sont effondrés dans une nuit. Que tous ces gens nous laissent donc tranquilles maintenant. Si le peu de République que nous avons leur porte sur les nerfs, et s'ils veulent jouer aux revenants, qu'ils s'en retournent à Coblentz, y vivre de l'espoir de revenir en France, comme l'ont fait leurs pères, dans les fourgons de l'étranger, pour se livrer ensuite à des menuets échevelés sur les cadavres amoncelés de la vile populace.

Et eux, ces bourgeois avachis, eux, les fils de ces risque-tout qui firent main-basse sur les biens du clergé et de la noblesse, qui vendirent pour plus d'un milliard de biens dits nationaux et fabriquèrent des tombereaux d'assignats, il leur sied bien, en vérité, de faire le procès aux hommes de la Commune, parce qu'ils mettent en accusation six coquins de la bande versaillaise et confisquent leurs biens !

En effet, le 2 avril, sous le coup de l'indignation produite par l'attaque inattendue des sergents de ville et des gendarmes à la solde du gouvernement de Versailles, la proposition suivante fut mise aux voix et adoptée, sans phrases, à l'unanimité :

LA COMMUNE DE PARIS,

Considérant que les hommes du gouvernement de Versailles ont ordonné et commencé la guerre civile, attaqué Paris, tué et blessé des gardes nationaux, des soldats de la ligne, des femmes et des enfants ;

Considérant que ce crime a été commis avec préméditation et guet-apens, contre tout droit et sans provocation.

DÉCRÈTE :

Article premier. — MM. Thiers, Favre, Picard, Dufaure, Simon et Pothuau, sont mis en accusation.

Art. 2. — Leurs biens seront saisis et mis sous séquestre jusqu'à ce qu'ils aient comparu devant la justice du Peuple.

Les délégués à la Justice et à la Sûreté générale sont chargés de l'exécution du présent décret.

La Commune de Paris.

En citant ce décret, les enquêteurs ajoutent : « La Commune veut se venger de sa défaite. »

Certainement ! et la Commune avait raison.

Quant à moi, j'ai voté cette proposition avec le regret de ne pouvoir faire davantage. J'aurais voulu qu'en même temps que nous confisquions leurs biens, il nous fût possible de nous emparer de ces six coquins.

Eh quoi ! Devions-nous donc ménager ces fourbes qui avaient préparé la capitulation, sachant bien que tout s'arrangerait à l'aide d'une indemnité de guerre et que ce serait encore les producteurs

qui paieraient ! Devions-nous donc ménager ce tas
de misérables, si plats devant les Prussiens et si
féroces envers les Parisiens, et qui, pour se venger
de leur échauffourée du 18 Mars et de leur fuite
honteuse, mijotaient entre eux les massacres de la
semaine de Mai !

Et qu'est-ce donc après tout que ces quelques
saisies opérées par la Commune, en état de légitime défense, comparées à la confiscation des biens
du clergé et de la noblesse décrétée et radicalement
exécutée par la bourgeoisie de 1789?

Puisqne nous sommes sur le chapitre des mesures de salut public, liquidons de suite cette question intéressante.

Le décret qu'on vient de lire fut suivi de quelques arrestations jugées nécessaires et qui suggè-
rent aux enquêteurs officiels les lamentations
suivantes :

« Il ne sufit pas aux hommes de l'Hôtel-de-Ville
de sévir contre les absents, ils veulent des otages. »

Et ils citent les noms des curés, capucins, moines
et autre gibier d'église et de couvent découverts et
mis en état d'arrestation et qui, d'après eux, « eurent l'honneur d'être inscrits les premiers sur cette
liste des otages de la Commune qui devait être une
liste de mort. »

Viennent ensuite les arrestations civiles, et toutes, pour eux, sont aussi criminelles les unes que
les autres.

« Quand on a vu Paris dans ces tristes jours,
disent-ils, on comprend le règne de la Terreur:

l'apathie des honnêtes gens en 1871 explique celle de nos pères en 1793. »

Voici pour le coup un aveu dépouillé d'artifices. Les enquêteurs officiels veulent bien avouer que le 1871 prolétarien a pour pendant le 1793 bourgeois. Eh bien! non, dans leurs confiscations de biens comme dans leurs arrestations et exécutions, les hommes de la Commune n'ont été encore que des enfants, relativement aux bourgeois de 1792 et 1793.

Les moines défroqués, curés, vicaires, gendarmes, financiers, politiciens et autres, dont la Commune a ordonné l'arrestation, conspiraient bel et bien en plein Paris : les uns dans leur sacristie, les autres dans leur salon. Ils avaient leurs mouchards, leurs agents, et entretenaient avec Versailles une correspondance suivie.

Voyons! voyons! que ces bons bourgeois qui ont toujours la larme à l'œil, quand il s'agit des leurs, mettent donc en regard du nombre des otages exécutés sous la Commune, non pas seulement celui des fédérés qu'ils ont fusillés en 1871, mais aussi le total approximatif des individus guillotinés à Paris et ailleurs, massacrés dans les prisons et disparus dans les noyades de Nantes, pendant le règne de la Terreur bourgeoise, lors de la première Révolution.

On croirait, ma parole, que ces rhéteurs qui s'érigent aujourd'hui en professeurs de maintien, perdent, comme les lièvres, la mémoire en courant. Mais l'histoire est là et les chiffres aussi. Or, il est constaté que dans les journées des 2 et 3 sep--

tembre 1792, il fut exécuté de douze à quatorze cents personnes dans les prisons de Paris, et l'on estime, à deux mille au moins, le nombre des individus noyés et guillotinés à Nantes.

Et qu'est-ce donc, à côté de ces chiffres, que les quelques exécutions qui eurent lieu à la Grande-Roquette et rue Haxo, aux derniers jours de la Commune agonisante ?

Les illustres pères des Benoîtons d'aujourd'hui ne s'en sont même pas tenus à exécuter tambour-battant les simples mortels qui conspiraient, voire même les prêtres et les nobles. Ils taillèrent plus en grand que cela ! Et quand les rois coalisés contre la Révolution osèrent la menacer, ils ne songèrent pas comme les Thiers et les Jules Favre à capituler honteusement. Ils répondirent aux meneurs des têtes couronnées en faisant *raccourcir* Louis XVI et Marie-Antoinette.

Voilà, j'espère, deux personnages qui ne valaient pas moins que le curé Deguerry et le banquier Jecker.

Et nous pourrions ajouter au bilan de la bourgeoisie le million d'hommes, au moins, massacrés sur les champs de bataille de l'Europe pendant les quelques années de terreur militaire qui suivirent son avènement au pouvoir et l'y maintint.

On pourra objecter que les bourgeois d'aujourd'hui ne sont pas responsables des moyens plus ou moins violents employés par leurs pères de 1789 et 1793.

A cela nous répondrons que s'en disant les héritiers et qu'ayant eu tous les bénéfices de ce grand mouvement révolutionnaire, ils ne peuvent faire autrement que d'accepter la solidarité des actes de violence qu'il a nécessités.

Si la bourgeoisie moderne répudie ce passé révolutionnaire, qu'elle renonce à tous les privilèges dont elle jouit aujourd'hui ; en un mot, qu'elle retourne en arrière et recommence son 89.

Quant aux hommes de la Commune, s'ils ont péché, c'est bien plus par excès de générosité que par excès de violence, et, il faut espérer, un peu tard peut-être, qu'on ne les y reprendra plus.

Le décret mettant en accusation Thiers et ses cinq complices et confisquant leurs biens n'a été rendu que sous le coup d'une indignation générale. Et la preuve, c'est que le 2 avril, si les six misérables en question étaient tombés entre les mains de la population parisienne, elle en aurait fait elle-même prompte et bonne justice.

Quant aux individus, ou pour mieux dire aux conspirateurs en soutane et autres qui se mirent d'eux-mêmes dans le cas d'être surveillés et arrêtés, ce ne sont point non plus les avertissements qui leur ont manqué.

Dès le 22 mars, le *Journal officiel* contient un avis dont je détache le passage suivant :

Nous prévenons les écrivains de mauvaise foi auxquels seraient applicables, en temps ordinaire, les lois de droit commun sur l'outrage et la calomnie, qu'ils seront immédiatement déférés au Comité central de la garde nationale.

Le 24 mars, deux jours après la manifestation

de la rue de la Paix, ou pour mieux dire après le coup de force tenté par la réaction, cet avertissement bien significatif est placardé dans tout Paris:

Nous voulons l'ordre, mais non celui que patronnent les régimes déchus... Ceux qui provoquent à l'émeute n'hésitent pas, pour arriver à leur but de restauration monarchique, à se servir de moyens infâmes; ils n'hésitent pas à affamer la garde nationale en séquestrant la banque et la manutention.

Le temps n'est plus au parlementarisme; il faut agir et punir sévèrement les ennemis de la République.

Tout ce qui n'est pas avec nous est contre nous.

Paris veut être libre. La contre-révolution ne l'effraie pas ; mais la grande cité ne permet pas qu'on trouble impunément l'ordre public.

Les citoyens Brunel, E. Duval et E. Eudes, étaient les signataires de cette affiche, à titre de commandants de la garde nationale.

Il n'y avait pas à se méprendre sur leurs *excellentes* intentions ni sur le sens de ce *bon* avertissement... Donc ceux qui n'en ont pas tenu compte et qui continuaient à conspirer dans tous les coins de la capitale méritaient bien mieux encore qu'une cellule à Mazas.

Pendant qu'à Paris, les *bandits* de la Commune poussaient la générosité jusqu'à prévenir par voie d'affiche les notables conspirateurs et les mouchards de tous genres, qu'ils eussent à se tenir

5*

tranquilles ou à quitter la capitale si le séjour leur
en était insupportable, les *honnêtes gens* de Versailles arrêtaient à tort et à travers, fouillaient,
dévalisaient, maltraitaient et emprisonnaient les
gens sur la moindre supposition ou sur un mot
sans conséquence prononcé dans un établissement
public ou dans la rue.

Des femmes, soupçonnées de colporter des lettres,
étaient indignement fouillées, déshabillées et brutalement jetées en prison si elles protestaient contre ces procédés odieux. Il suffisait qu'on fût surpris, lisant un journal de Paris, pour être arrêté,
frappé et, non seulement par les argousins et les
gendarmes, mais encore par la meute de fuyards,
de réacs et de lâches, de viveurs et de fillasses en
rupture de tripots et de trottoirs qui noçaient à
Versailles et ne trouvaient pas, pour tuer le temps
et cuver leur vin, de rigolade comparable à celle
de lapider et d'assommer un pauvre diable de communeux ou même un malheureux soupçonné de
l'être, si peu que ce fût.

Celà est si vrai, qu'une après-midi, un marchand
ambulant, tout-à-fait inoffensif, fut assailli et roué
de coups par une bande de petits crevés et de filles
en goguette qui hurlaient en l'assommant :

« Il doit en être, il a les cheveux rouges ! »

XVIII

LES ARRESTATIONS

Les membres de la Commune considéraient que ce n'était pas faire acte de révolutionnarisme que de se jouer impunément de la liberté et de la vie des individus comme on le faisait à Versailles. Contrairement au dire des enquêteurs officiels et autres calomniateurs, jamais gouvernement ne montra plus de magnanimité envers les traitres et les conspirateurs, ce qui, d'ailleurs ne servait qu'à encourager leur audace.

Comme on l'a vu dans les pages précédentes, la Commune prit la précaution de faire savoir par voie de circulaires, d'affiches, d'ordres du jour et de décrets, le sort qu'elle réservait à tous individus prévenus de connivence avec Versailles.

Les ayant ainsi avertis, la Commune était donc en droit de sévir rigoureusement contre tous ceux qui conspiraient en plein Paris.

Mais que nos lecteurs s'en rendent bien compte : la situation était difficile et les fonctions de délégué à la sûreté étaient loin d'être une sinécure.

Evidemment, comme le disaient Brunel, Duval et Eudes, dans leur ordre du jour du 24 mars, le temps du parlementarisme était passé ; il fallait agir et mettre à la raison les ennemis de la République.

Evidemment, la Commune n'étant autre qu'un gouvernement révolutionnaire devait déclarer et prouver que tout ce qui n'était pas avec nous était contre nous et, sans autre forme de procès, mettre nos ennemis dans l'impuissance absolue de nuire.

Mais d'une part on redoutait de commettre des erreurs, de frapper des innocents, des amis même; de l'autre, on craignait qu'un trop grand nombre d'arrestations n'effrayât la population parisienne, nous retirât des sympathies, nous enlevât des adhérents encore hésitants et que le gouvernement de Versailles ne se servît de ce prétexte pour irriter plus encore la province contre Paris ; enfin, disons le mot, on tenait aussi à faire par trop légalement les choses.

Ces précautions ne servirent à rien. Elles n'empêchèrent pas la bande à Thiers de colporter par toute la France qu'on violait, pillait à Paris ; qu'on y emprisonnait et massacrait les gens les plus inoffensifs ; et les vipères et les imposteurs de l'acabit des enquêteurs officiels et des Maxime du Camp n'en prétendirent pas moins dans leurs élucubrations écœurantes que la terreur qui avait régné dans la capitale, pendant les soixante-douze jours de la Commune, avait dépassé de beaucoup les plus affreux jours de 1793.

Quelques-uns de nos collègues étaient atteints d'une fièvre qui se répandit comme une sorte d'épidémie dans la Commune et finit par nous atteindre tous un peu : ce fut la fièvre de l'intégrité, et voire même de *la légalité*.

Oh ! *la légalité*, quelle fille publique ! et que de crimes on commet en son nom !

Les délégués qui se succédèrent à la Préfecture de police furent de véritables victimes. Rigaut, Ferré, Cournet, en passèrent tous par les plus violentes interpellations. Ils n'avaient pas plutôt fait coffrer trois pelés et un tondu, qu'ils étaient bombardés par des *pourquoi* foudroyants.

Et cependant, ils étaient bien plus à même que nous de savoir ce qui se passait. Leurs agents les renseignaient quotidiennement sur les agissements des partisans et des mouchards de Versailles.

On conspirait partout, dans les forts, dans les ministères, à l'Hôtel-de-Ville même. Il y avait en plein Paris des cafés, des maisons où les factieux se réunissaient, et plus la Commune montrait de modération, et plus ils devenaient audacieux : ils allèrent même jusqu'à tenir quelques réunions publiques, où les motions les plus violentes à l'adresse de la Commune furent acclamées aux cris de : Vive Versailles ! A bas la Commune !

Et comme après tout ils étaient peu nombreux dans ces réunions, il n'en était que plus facile de calmer ceux qui les fréquentaient en les mettant un peu à l'ombre.

Et dire que j'étais de ceux qui avaient la bonhomie d'interpeller nos délégués à la Sûreté sur le bien-fondé des arrestations qu'ils ordonnaient !

Pourquoi ? parce que Dereure et moi, délégués à l'administration du XVIIIe arrondissement, nous recevions tous les jours des plaintes, des visites de parents et amis d'individus arrêtés.

Naturellement, ils étaient toujours innocents !

D'après eux, le délégué à la Sûreté avait commis un grand crime, en arrêtant un aussi bon citoyen, un homme aussi dévoué à la République, la crème des maris; le meilleur père de famille qui fût au monde, la bête du bon dieu, quoi! Il ne ferait pas de mal à une mouche...

Tantôt l'avocat du prisonnier était une femme éplorée, accompagnée de deux ou trois marmots, elle vous les jetait dans les jambes, et, se traînant à vos pieds : Mon mari! mon pauvre mari, le père de mes enfants! me voilà veuve ! les voilà orphelins ! Malheureuse mère ! pauvres petits ! Et c'était une averse de larmes et des sanglots à jet continu.

A moins d'être en bronze, comme une partie de la colonne Vendôme, on se sentait attendri et l'on promettait de se renseigner auprès du terrible croquemitaine de la Sûreté.

Tantôt le solliciteur était un vieillard vénérable ou se disant tel, parce qu'il avait des cheveux blancs, ce qui, cependant, n'oblige pas toujours au respect de celui qui les porte, puisque c'est un mauvais tour que le temps joue au meilleur des hommes comme au plus grand des scélérats qui vivent d'ordinaire fort vieux, et Thiers en est un exemple.

Comment encore résister aux suffocations d'un vieillard, à la voix chevrotante, qui vous dit être seul au monde, que son fils qu'on vient d'arrêter est son unique bâton de vieillesse, que c'est le seul qui lui reste de six ou sept ; que lui, il a assez vécu, qu'on l'enferme, qu'on le fusille à la place de son fils, qu'il ne poussera pas même une plainte; et qui vous débite ce chapelet en contenant ses larmes, ce qui est souvent plus habile que de lâcher les écluses?

Vous avez beau dire, qu'on ait ou qu'on n'ait pas la corde paternelle très tendue, on n'en est pas moins empoigné, et cette fois encore, on s'engage à interpeller vertement le vampire de la Sûreté, qu'on accuserait presque d'arrêter les enfants au berceau.

Parfois aussi c'était l'inculpé en personne, accompagné de deux agents ou de quatre hommes et un caporal, ça dépendait du sujet ou des conditions de l'arrestation. L'inculpé avait fini par apitoyer ses farouches gardes et les avait entraînés jusqu'à la maison où il prétendait connaitre un membre de la Commune, qui serait bien surpris de le voir ainsi conduit dans les fers, et lui sauterait au cou du plus loin qu'il l'apercevrait.

Alors, c'était terrible ! Vous vous trouviez en face d'un homme pâle et défait, qui se campait en arrière pour se grandir et se donner de l'aplomb. Et, en effet, vous étiez bien surpris d'apprendre que vous aviez le bonheur de retrouver un ami d'enfance ; on avait presque été en nourrice ensemble, mais invariablement on avait été à la même école ; ont avait enduré les mêmes onglées et partagé les mêmes périls dans les combats des rues entre gosses. « Ah! c'était le bon temps ! on était frères, presque frères de lait, pouvait-on devenir après

cela frères ennemis? Comme vous, il avait grandi
aux prises avec l'adversité, victime des injustices
sociales ; et comment pouvait-il être, lui, l'enfant
de la rue, le gosse avec qui l'on avait partagé les
tartines maigres et les billes gagnées à la bloquette,
comment pouvait-il être un réactionnaire ! un ennemi de la Commune! » Et se frappant la poitrine
à la place où tout le monde a un cœur, il vous
achevait en disant : Mais je donnerais mon sang
pour la République!

J'ai vu des gardes s'attendrir au point de prendre fait et cause pour l'inculpé, et dire avec des larmes dans la voix : C'est une infamie d'arrêter de
bons citoyens comme ça !

Que voulez-vous, on n'est pas de bois ; malgré
soi, et bien qu'on y eût été déjà pris, on se creusait
l'esprit pour se rappeler où, et dans quelle circonstance on avait bien pu rencontrer ce pistolet-
là, et il arrivait que, malgré soi encore, on finissait
par lui trouver un air convaincu et bon enfant tout
de même.

Ajoutez qu'il ne manquait pas, s'il était marié, de
vous apitoyer sur le sort de sa femme et de ses enfants ; ou, s'il était célibataire, sur le sort de sa
vieille bonne femme de mère qui allait se trouver
seule au monde si on lui enlevait le dernier être qui
lui restât.

On croit peut-être que j'exagère ? Eh bien, non,
je suis encore loin de la vérité.

On ne peut pas s'imaginer combien ces gens-là
étaient lâches, cabotins et hypocrites lorsqu'ils
étaient en notre pouvoir et avec la perspective

d'une cellule à Mazas. Et s'ils trouvaient le moyen de nous échapper par les procédés répugnants qu'on a vus, ils en faisaient des gorges chaudes et se flattaient d'avoir été très malins, alors qu'il n'avaient été que plus vils et plus méprisables encore.

J'en ai vu, des récidivistes, comme diraient les enquêteurs officiels, nés malins aussi, revenir deux fois à la charge et essayer de nous recolloquer à la deuxième fois leur fameux récit de Théramène.

Alors, nous les arrêtions tout court : Pardon, pardon, leur disions-nous, nous savons que nous avons été à l'école ensemble, mais en attendant, allez tout seuls où les citoyens qui vous accompagnent ont l'ordre de vous conduire.

Et vous croyez que c'était gai tout cela? Ah! nous en ont-ils volé des émotions et de la générosité ces misérables de réactionnaires!

Et, cependant, comme je ne saurais trop le répéter, les conspirations s'étendaient partout : et la croix de Genève qui veillait aux portes de nos ambulances n'en défendait même pas nos blessés.

Je dus même, dans la séance du 13 avril, demander à la Commune qu'on donnât, à deux de nos collègues, la mission de visiter les ambulances où certains médecins commettaient journellement des actes odieux.

Ainsi, nous avions de ces messieurs qui, tout en pansant les fédérés, leur disaient que la Commune n'en avait pas pour longtemps et qu'avant peu on les enverrait en convalescence à Cayenne ou à Lambessa.

Il est vrai qu'un jour un carabin qui tenait ce

langage à un fédéré qui avait encore une main de
libre, la reçut fermée entre les deux yeux, et d'une
telle force, qu'il tomba sur son derrière, les jambes
en l'air.

Bien des gaillards ont été cités à l'ordre du jour
qui ne le méritaient peut-être pas autant que ce
gars-là. Quelle poigne! qu'en dites-vous, monsieur
le carabin ?

Et sous l'impression des scènes que j'ai racontées, nous arrivions à la Commune comme des
furibonds et prêts à faire écarteler nos délégués à
la Sûreté, qui certainement avaient bien raison dix-
huit fois sur vingt.

De là aussi les circulaires et avis suivants :

AVIS AUX TRAITRES

Le Comité de Salut Public, en présence des tentatives de corruption qui lui sont signalées de toutes parts,
rappelle que tout individu prévenu d'avoir offert ou ac-
cepté de l'argent pour faits d'embauchage, se rend coupable de haute trahison et sera déféré à la cour martiale.

Les corrupteurs et leurs complices étaient donc
bien avertis.

Puis le terrible : *Mort aux voleurs!* qu'on re-
trouve dans toutes les révolutions et qui n'atteint
jamais la haute pègre de la finance et de la politique :

Considérant que, dans les jours de révolution, le

peuple, inspiré par son intérêt de justice et de moralité, a toujours proclamé cette maxime : Mort aux voleurs !

LA COMMUNE DÉCRÈTE :

Article premier. — Jusqu'à la fin de la guerre, tous les fonctionnaires ou fournisseurs accusés de concussion, déprédation, vol, seront traduits devant la cour martiale ; la seule peine appliquée à ceux qui seront reconnus coupables, sera : *la peine de mort*.

Art. 2. — Aussitôt que les Versaillais auront été vaincus, une enquête sera faite sur tous ceux qui, de près ou de loin, auront eu le maniement des fonds publics.

La peine de mort ! Vous voyez qu'on n'y allait pas de main-morte et qu'avant de condamner un homme, il y avait bien de quoi réfléchir. Néanmoins encore, les fonctionnaires infidèles étaient avertis, de même que les traîtres et les conspirateurs.

Viennent ensuite nos interpellations. Un jour Vallès me demande si nous avions reçu des plaintes relativement aux arrestations et au traitement des prisonniers dans les prisons.

Je lui répondis qu'en effet nous en recevions tous les jours, mais qu'il ne fallait pas y attacher beaucoup d'importance.

— Cela ne fait rien, me dit-il, il ne faut pas laisser la Préfecture faire ce qu'elle veut, je vais faire cette proposition, l'appuierez-vous ?

— Certainement, lui dis-je, après l'avoir lue.

Vallès demandait qu'au nom de l'intérêt général et de l'honneur républicain, les membres de la

Commune pussent entrer partout et visiter les prisons à toute heure.

Il signalait en même temps certaines irrégulalarités commises à la prison du Cherche-Midi.

La proposition fut bien accueillie.

Oh ! je suis de ceux qui pensent que la Révolution de 1871 n'a pas besoin d'être innocentée, réhabilitée, et si je m'applique à fournir des documents à l'appui des appréciations que j'émets, c'est en vue d'un avenir que je crois prochain et d'une revanche qui devra être victorieuse. C'est donc pour renseigner les citoyens qui ont été induits en erreur par les racontars des journaux réactionnaires et les calomnies puisées dans l'Enquête officielle et colportées avec les soins du Gouvernement que je m'étends sur la question de ces arrestations tant reprochées à la Commune, et que je montre les précautions prises pour qu'elles fussent motivées et que leurs prisonniers ne fussent pas traités aussi odieusement que les nôtres l'étaient à Versailles.

Les membres de la Commune avaient-ils tort? Les combattants de la revanche nous répondront.

Poursuivons : Pour éviter les mal-entendus et permettre à tout citoyen de circuler librement, le Comité de Salut public prend une mesure pratique :

Considérant que, ne pouvant vaincre par la force la population de Paris, assiégée depuis plus de quarante jours pour avoir revendiqué ses franchises communales, le gouvernement de Versailles cherche à introduire parmi elle des agents secrets dont la mission est de faire appel à la trahison ;

Arrête :

Art. 1er. — Tout individu devra être muni d'une carte d'identité contenant ses nom, prénoms, profession, âge et domicile, ses numéros de légion, de bataillon et de compagnie, ainsi que son signalement.

Art. 2. — Tout citoyen trouvé non porteur de sa carte sera arrêté, et son arrestation maintenue jusqu'à ce qu'il ait établi régulièrement son identité.

Art. 3. — Cette carte sera délivrée par les soins des commissaires de police, par pièces justificatives, en présence de deux témoins qui attesteront, par leur signature, bien connaître le demandeur. Elle sera ensuite visée par la municipalité compétente.

Art. 4. — Toute fraude reconnue sera rigoureusement réprimée.

Art. 5. — L'exhibition de la carte d'identité pourra être requise par tout garde national.

Art. 6. — Le délégué à la Sûreté générale, ainsi que les municipalités, sont chargés de l'exécution du présent arrêté dans le plus bref délai. »

Il est vrai que la contrefaçon n'était pas difficile et qu'on arrêta d'affreux coquins porteurs d'excellentes cartes d'identité. Néanmoins, ce système nous réussit assez bien à Montmartre.

Le 6 mai, le citoyen Miot fait la proposition suivante :

Art. 1er. — L'emprisonnement cellulaire est supprimé.

Art. 2. — Les détenus seront renfermés pendant la nuit seulement.

Art. 3. — En cas d'emprisonnement préventif, le secret ne pourra durer plus de dix jours.

Art. 4. — A partir de la promulgation du présent dé-

cret, le temps d'emprisonnement préventif sera déduit
de celui fixé par le jugement de condamnation.

Art. 5. — Toutes dispositions contraires au présent
décret sont abrogées.

Les trente calomniateurs de la Commission d'enquête officielle se gardent bien de dire que, pendant
que la Commune adoptait ces propositions dictées
par un sentiment de trop grande humanité, nos
prisonniers étaient entassés pêle-mêle dans les
prisons de Versailles et autres, insultés, maltraités et nourris à coups de trique.

Sur la proposition du citoyen Protot, la Commune avait déjà décrété :

Article premier. — Tous magistrats, officiers de police ou gardes nationaux qui opèrent une arrestation en
dresseront procès-verbal sur le champ et le notifieront
au délégué à la Justice.

Le procès-verbal énoncera les causes de l'arrestation,
les personnes à entendre pour ou contre la personne
arrêtée.

Toute contravention à ces prescriptions sera rigoureusement réprimée.

Art. 2. — Tous directeurs de prisons, de maisons d'ar-
rêt, ou de correction, tous geôliers ou greffiers qui
omettront de mentionner sur l'acte de l'écrou les causes
de l'arrestation seront poursuivis pour crime de séques-
tration illégale.

Art. 3. — Les papiers, valeurs mobilières, effets de
valeur quelconque, appartenant aux personnes arrêtées
et dont la saisie aura été effectuée, seront déposés à la
caisse des dépôts et consignations, etc.

M. Maxime du Camp et tous les convulsionnés

de sa trempe, pourraient-ils nous dire où ont été déposés les objets et valeurs soustraits par les Versaillais pendant la Semaine de Mai, non seulement dans les maisons qu'ils ont mises au pillage, mais encore dans les poches des cadavres et souvent même des blessés qu'ils achevaient pour les dévaliser plus proprement?

Cette préoccupation constante de traiter les prisonniers avec le plus d'humanité possible donna lieu à une séance assez agitée, qui détermina Raoul Rigault à envoyer faire foutre — ce fut son expression — les *humanitaires*, et à donner sa démission de délégué à la Sûreté.

Ce fut le 24 avril.

« Hier, en mon absence, dit Rigault, vous avez déclaré que tous les membres de la Commune auraient le droit de visiter tous les détenus. Je demande que vous reveniez sur ce vote, quant à ce qui concerne les prisonniers au secret. Dans le cas contraire, je serai forcé de donner ma démission, et je ne crois pas qu'un autre puisse, dans la situation actuelle, accepter une pareille responsabilité. »

Les mots de *prisonniers au secret* soulevèrent l'indignation d'un grand nombre de nos collègues. Cependant, il était reconnu qu'on courrait les plus grands dangers à laisser communiquer certains prévenus avec les autres. Ce qui se passa plus tard à la Grande-Roquette donnait absolument raison aux craintes exprimées par le citoyen Rigault.

Mais, le sentiment de la justice l'emporta encore sur les exigences de la situation.

Le secret appliqué même à des conspirateurs et

à des mouchards leur parut une mesure odieuse et indigne de la Commune.

Le citoyen Arthur Arnould s'épencha le premier et avec véhémence :

— Il résulte, dit-il, de ce que vient de dire Rigault, que le secret est maintenu. Je proteste énergiquement. Le secret est immoral ! C'est la torture morale substituée à la torture physique !

Et, au nom de notre honneur, il demanda que le secret ne fût maintenu dans aucun cas.

Rigault haussait les épaules et soufflait à l'oreille de Ferré : « On ne fera jamais rien de sérieux avec ces sentimentalistes-là ! »

Et, cette fois, par exception, je n'étais pas compris dans le lot.

— Je ne m'explique pas, continua le citoyen Arthur Arnould, qui était très tenace aussi quand il s'y mettait, qu'après avoir combattu les errements du despotisme, nous tombions dans les mêmes lorsque nous sommes au pouvoir. De deux choses l'une : ou le secret est chose indispensable et bonne, ou elle est odieuse; si elle est bonne, il ne fallait pas la combattre; si elle est immorale, il ne fallait pas la maintenir.

La Commune victorieuse, Arnould avait raison; en lutte et trahie de toutes parts, ses arguments n'étaient pas soutenables, d'autant plus que le secret n'était maintenu que pour les détenus considérés comme puissants et dangereux.

— La guerre aussi est immorale, répondit Rigault, et, cependant, nous nous battons.

Le citoyen Jourde dit que, bien que partisan de

outes les libertés, la situation présente exigeait
es procédés exceptionnels. Il conclut au maintien
u secret.

Je fus enchanté d'entendre le délégué aux finan-
es donner cette note révolutionnaire ; aussi, je me
remis de lui envoyer demander de l'argent le soir
ème, car le besoin s'en faisait terriblement sen-
r à Montmartre.

Le citoyen Delescluze se montra surpris qu'on
ouvât mauvais qu'un membre de la Commune
ût entrer dans la cellule d'un prisonnier au se-
et. Il vit là une marque de défiance qu'il fallait
iter au sein de la Commune. Et, sans protester
ntre le secret, il demanda qu'on s'en tint à l'ar-
té nous autorisant à pénétrer dans toutes les
llules.

Le citoyen Theisz appuya énergiquement les pa-
les d'Arnould. Puisque nous avons la respon-
bilité, dit-il, nous devons surveiller les actes de
police. Et, puisque nous avons tant de fois pro-
té contre le secret, nous devons l'abolir !

Mais nous sommes en Révolution ! lui cria le
oyen Amouroux.

e citoyen Billioray ajouta que nous pourrions
t à notre aise appliquer nos belles théories si
us étions vainqueurs ; mais qu'actuellement on
saurait prendre trop de précautions.

aoul Rigault trouva le mot de la situation :

Quand on n'a pas vu le dossier d'un homme
prisonné, dit-il, on peut se laisser attendrir par
paroles, par des questions de famille, d'huma-
-, et l'aider à communiquer avec le dehors.

5*

Il avait raison. Les scènes de larmes que j'ai racontées en sont la preuve.

Le citoyen Vermorel fait remarquer que supprimer le secret c'est rendre l'instruction impossible, mais il demande qu'à titre de contrôle, les membres de la Commune puissent aller visiter les détenus.

Le citoyen Vallès, considérant la question du secret comme très importante, demande que la discussion soit remise à une prochaine séance.

Néanmoins, Rigault maintient sa démission et insiste pour qu'on procède à son remplacement.

On passe au vote. Le citoyen Cournet est élu par 35 voix sur 55, délégué à la Sûreté générale.

Sur la proposition du citoyen Delescluze, d'adjoindre au citoyen Cournet des hommes d'aptitudes spéciales, Ferré et Rigault sont nommés membres de la commission de sûreté.

Ainsi se terminèrent les débats sur cette grave question. Le citoyen Cournet prit courageusement possession de la préfecture de police et y rencontra tout naturellement les mêmes difficultés que son prédécesseur.

Mais de quelque parti qu'on soit, on est bien obligé de reconnaître, après avoir lu tout ce qui précède, que les arrestations à Paris ne s'opèrent pas comme l'ont prétendu les enquêteurs et les pamphlétaires ; qu'en outre, les membres de la Commune prirent toutes les précautions imaginables pour qu'elles fussent opérées le plus *légalement* possible et qu'ils firent tous leurs efforts pour adoucir le sort des prisonniers.

J'ai donc bien le droit de soutenir que les braves gens étaient à la Commune et les scélérats à Versailles.

Et, quand je songe à toutes les trahisons dont nous avons été les victimes, au grand nombre de mouchards et de traîtres que nous avons tenus et si maladroitement laissé échapper, je reconnais que les révolutionnaires de Montmartre avaient cent fois raison quand ils nous disaient :

— Allons donc ! Parlons moins de fusiller et fusillons davantage.

XIX

LES OTAGES

En révolution, les emportements sont tout aussi funestes que la trop grande modération. J'en vais citer un exemple :

Sous le coup des rudes émotions de la sortie malheureuse du 3 avril, indignés des procédés barbares des Versaillais à l'égard des prisonniers ; furieux de ne pouvoir atteindre directement Thiers et ses complices, le 6 avril, la Commune faisait afficher dans Paris un avis où il était dit que les bandits de Versailles égorgeaient les prisonniers ; que le gouvernement de Thiers, se mettant en dehors des lois de la guerre et de l'humanité, force nous serait d'user de représailles ; que si nos ennemis massacraient encore un seul de nos soldats, nous répondrions par l'exécution d'un nombre égal ou double de prisonniers.

L'avis se terminait ainsi :

« Toujours généreux et juste, même dans sa colère, le peuple abhorre le sang comme il abhorre la guerre civile, mais il a le devoir de se protéger contre les attentats sauvages de ses ennemis et, quoi qu'il lui en coûte, il rendra *œil pour œil* et *dent pour dent* ».

— A la bonne heure! disait le peuple, en lisant cette affiche, il est temps qu'on les secoue un peu, ces brigands-là !

Et les femmes n'étaient pas les dernières à souhaiter qu'on agît vite et qu'on fût sans pitié.

Le même jour, le décret suivant répondait à leur impatience :

LA COMMUNE DE PARIS,

Considérant que le gouvernement de Versailles foule ouvertement les lois de l'humanité comme celles de la guerre, qu'il s'est rendu coupable d'horreurs, etc....;

Considérant que les représentants de la Commune de Paris ont le devoir impérieux de défendre l'honneur et la vie de deux millions d'habitants, etc....;

Qu'il importe de prendre sur l'heure toutes les mesures nécessitées par la situation ;

DÉCRÈTE:

Article premier. — Toute personne prévenue de complicité avec le gouvernement de Versailles, sera immédiatement décrétée d'accusation et incarcérée.

Art. 2. — Un jury d'accusation sera institué dans les vingt-quatre heures pour connaître les crimes qui lui seront déférés.

Art. 3. — Le jury statuera dans les quarante-huit heures.

Art. 4. — Tous accusés retenus par le verdict du jury d'accusation seront les otages du peuple de Paris.

Art. 5. — Toute exécution d'un prisonnier de guerre ou d'un partisan du gouvernement régulier de la Commune de Paris sera sur le champ suivie de l'exécution d'un nombre triple des otages retenus, en vertu de l'article 4 et qui seront désignés par le sort.

Art. 6. — Tout prisonnier de guerre sera traduit devant le jury d'accusation, qui décidera s'il sera immédiatement remis en liberté ou retenu comme otage.

Ce décret, qui donnait satisfaction à la population parisienne exaspérée contre les Versaillais, inspira les réflexions suivantes à la Commission d'enquête officielle :

« Ne reculant point devant un moyen d'intimidation que les plus mauvais jours de 93 n'avaient pas connu, la Commune décrète une loi *des otages*, qui dépasse de beaucoup leur fameuse loi des suspects de Merlin de Douai. »

Mais, ce que ces rhéteurs à froid se gardent bien de dire, c'est que la fameuse loi des suspects fut parfaitement appliquée dans toute sa rigueur par les bourgeois, lors de la fameuse révolution, tandis que le décret de la Commune ne fut qu'une simple menace. Ce n'est même point en vertu de ce décret

que des tonsurés, des gendarmes et des sergents
de ville furent exécutés pendant la Semaine de
Mai, rue Haxo et à la Roquette, ni que l'espion
versaillais Veysset, qui avait pris la précaution de
se faire inscrire sous le prénom de Jean, au regis-
tre du dépôt, et avait sept appartements à Paris
pour conspirer tout à son aise, fut conduit le 24
mai sur le Pont-Neuf et fusillé.

Nos lecteurs verront bientôt si cette exécution,
que ce philandreux de Maxime du Camp, l'apolo-
giste de tous les crimes des Versailleux, qualifie
d'assassinat, n'était pas un acte de véritable justice.

Or, pendant qu'on délibérait à la Commune et
que les troupes de Versailles gagnaient tous les
jours du terrain, nous apprenions qu'une vingtaine
de fédérés, pris les armes à la main, et d'autres
sans défense, avaient été fusillés par les gendarmes,
flanqués des roussins de l'Empire ; que des soldats
de la ligne, servant dans nos rangs, et tombés en
leur pouvoir, avaient subi le même sort ; que des
femmes, des ambulancières avaient été massa-
crées ; que nos prisonniers étaient odieusement
maltraités.

Le sinistre Thiers et ses compères avaient fait
mieux que de décréter une loi des otages ; ils
avaient organisé l'assassinat.

Des citoyens de Montmartre, de retour des
avant-postes, nous avaient apporté, à la mairie,
plusieurs échantillons de balles explosibles dont
se servaient les gendarmes. Ce que niait Thiers et
ce qu'un certain nombre de membres de la Commune se refusaient encore à croire.

Tous les jours aussi nous recevions des plaintes et des reproches de citoyens qui nous accusaient de trop de modération et soutenaient, non sans raison, qu'au nom de la cause que nous défendions, qu'en présence des actes monstrueux commis par les Versaillais, nous ne devions pas, pour les vaincre, nous servir des moyens ordinaires, et qu'il serait grandement temps d'agir énergiquement.

En somme, on réclamait la mise en vigueur de la loi sur les otages, décrétée le 5 avril et restée sans effet, quoi qu'en aient dit les plumitifs de la réaction.

. . . .

A l'ouverture de la séance du 28 avril, dans l'espoir d'activer un peu les débats sur la question du Mont-de-Piété, de communiquer un peu de mon impatience d'agir à ceux de mes collègues qui me reprochaient mes emportements, je me fis l'interprète des plaintes continuelles que nous recevions, Dereure et moi, en remettant entre les mains de Vallès qui présidait, une balle explosible trouvée sur un sergent de ville fait prisonnier à Asnières.

— Citoyens, dis-je, devant les moyens qu'emploient les Versaillais, j'espère que vous n'hésiterez pas plus longtemps à agir.

Dereure m'appuya, en ajoutant qu'il avait aussi rapporté de Neuilly une quantité de ces balles.

Nous espérions que l'exhibition des projectiles exceptionnels, dont nos ennemis faisaient l'expérience sur la peau des fédérés, allait soulever l'indignation de tous les membres de la Commune, et mettre enfin le feu aux poudres. Il n'en fut rien encore. Une voix perçante comme un sifflet de locomotive nous rappela à la question du chemin de fer du Nord, où le service, paraît-il, laissait à désirer.

C'était le citoyen Andrieu qui venait de lancer son fameux *ut* de poitrine.

Le 17 Mai, c'est-à-dire à près de six semaines du 5 avril, je revins à la charge.

Ce fut le citoyen Urbain qui, exaspéré des infamies versaillaises, ouvrit le feu. Il communiqua à l'Assemblée le rapport du lieutenant Butin, où il était dit qu'une ambulancière avait été arrêtée pendant qu'elle soignait nos blessés, ensuite violée, puis massacrée.

— Je garantis l'authenticité de ce fait, ajouta Urbain. Je demande donc, soit à la Commune, soit au Comité de Salut public, de décider que dix des otages que nous tenons en main soient fusillés dans les vingt-quatre heures, en représailles de notre cantinière assassinée et de notre parlementaire accueilli à coups de fusil.

Et, n'écoutant que son indignation :

— Je demande même, poursuit-il, que cinq de ces otages soient fusillés solennellement à l'intérieur de Paris, devant une délégation de tous les bataillons, et que les cinq autres soient fusillés aux avant-postes, devant les gardes de la 3ᵉ compagnie du 105ᵉ bataillon.

Le citoyen J.-B. Clément appuya la proposition Urbain, et demanda, en même temps, à adresser une question au citoyen Parisel, chef de la délégation scientifique.

Nos collègues, qui connaissaient l'importance de cette question, demandèrent que l'Assemblée se formât en Comité secret.

On nous a beaucoup reproché ces délibérations secrètes ; il était pourtant bien naturel qu'on n'insérât pas à l'*Officiel* les mesures que nous croyions utile de prendre pour la défense.

Ce jour-là, il s'agissait de demander au citoyen Parisel où il en était de ses expériences scientifiques, en collaboration avec un sieur Borme, soi-disant inventeur d'un feu grégeois qui devait tout pulvériser rien qu'en soufflant dessus. Nous aurons, du reste, l'avantage de reparler de ce monsieur et de montrer le joli rôle qu'il jouait au compte de Versailles pendant la Commune.

Quant à moi, j'étais bien plus pour ces moyens scientifiques que pour l'exécution d'une dizaine d'otages. Mais nous comptions trop sur ledit Borme.

A la reprise de la séance publique, Raoul Rigault, alors procureur de la Commune, présenta le projet suivant :

LA COMMUNE DE PARIS

Vu l'urgence,

DÉCRÈTE :

Article premier. — Le jury d'accusation pourra provisoirement, pour les accusés de crimes ou délits politiques, prononcer des peines aussitôt après avoir prononcé sur la culpabilité de l'accusé.

Art. 3. — Les peines seront prononcées à la majorité des voix.

Art. 3. — Ces peines seront exécutoires dans les vingt-quatre heures.

Et ce qui s'accorde peu avec tout ce que nos détracteurs ont écrit sur son compte, Rigault ajouta : « Je suis d'avis de répondre aux assassinats de Versailles de la manière la plus énergique, mais en frappant les coupables et non les premiers venus. *J'aimerais mieux laisser échapper dix coupables que de frapper un seul innocent.* »

Cette déclaration fut accueillie par les applaudissements unanimes de l'assemblée.

Néanmoins, le président donna lecture de la proposition Urbain qui, dans son second paragraphe, reprochait, un peu trop naïvement peut-être aux assassins versaillais de fusiller au mépris de toutes les lois humaines.

En effet, les gens qui, comme Thiers, Jules Simon et autres, n'ont qu'un but : opprimer et mitrailler le peuple, se moquent pas mal des lois humaines. Il est donc bien inutile de leur faire un crime de les mépriser. Ensuite, on a toujours tort d'invoquer ces lois en temps de guerre, et de guerre civile surtout, attendu qu'il n'est pas possible de ménager l'ennemi sans compromettre la cause que l'on défend.

Il faut donc accepter la guerre avec toutes ses horreurs ou ne pas la faire.

La proposition Urbain ne fut pas mise aux voix,

mais elle eut au moins l'avantage de faire adopte
à l'unanimité cet ordre du jour :

« La Commune, s'en référant à son décret
du 5 avril, en demande la mise à exécution immédiate. »

Ce revenez-y donna satisfaction aux réclamations des citoyens de Montmartre, mais la fameuse
loi sur les otages n'en resta pas moins lettre morte.
— Eh bien, il faut en faire l'aveu, et, m'adressant
au citoyen J.-B. Clément, qui appuya la proposition Urbain et qui, même, l'inspira bien un peu, je
lui dirai que c'était d'une imprudence inqualifiable
et même, ne lui mâchons pas la vérité : c'était de
la démence !
Oui, certes, car c'est à peine si nous avions
entre nos mains une centaine de prisonniers plus
ou moins tonsurés, plus ou moins gendarmes ou
mouchards, plus ou moins compromis dans les
sauts-de-carpe de la finance et de la politique,
alors que nos ennemis, si féroces déjà, avaient en
leur pouvoir quelques milliers des nôtres !
Ce décret était donc non-seulement inutile, mais
dangereux. Et c'est parce que nous le comprimes
qu'il ne fut jamais mis en vigueur, au moins tant
que la Commune se maintint à l'Hôtel-de-Ville.
Les sacripants qui gouvernaient à Versailles furent beaucoup plus pratiques : Ils ne décidèrent
pas une loi tapageuse sur les otages, mais... ils
opérèrent au jour le jour pour bien se faire la main ;
aussi, quand vint l'heure, ils surent, en une se-

maine, mener le Grand Massacre à bonne fin, sans même prendre, comme leur bon dieu, un jour de repos.

XX

LES ÉCHÉANCES

Une grave question, parait-il, même en temps de révolution.

J'étais partisan aussi qu'on la mît à l'ordre du jour dès notre arrivée à l'Hôtel-de-Ville, mais pour trouver le moyen le plus rapide et le plus sûr de régler notre compte avec la bourgeoisie, car l'échéance du 18 Mars me semblait infiniment plus importante que les échéances commerciales pour lesquelles on allait encore perdre bien du temps à discuter.

Une fois de plus, je vis que je n'entendais absolument rien aux affaires et qu'il ne suffisait pas que nous eussions d'excellents chassepots et de bonnes mitrailleuses pour être en droit de trancher révolutionnairement les questions, de braver le Code et de nous moquer des huissiers qui n'entendaient pas rester à rien faire, même sous la Commune.

Ça devint une scie pendant quelques jours : on ne s'abordait plus qu'en se disant : « Et les échéances, y pense-t-on ? »

— Mais laissez-nous donc tranquilles ! répon-

dais-je, il n'y a pas péril en la demeure. J'espère
bien que nous ne laisserons pas les huissiers envoyer du papier timbré et opérer des saisies. Il ne
manquerait plus que cela, par exemple! Je vous
préviens que si on s'en avise à Montmartre, Dereure et moi, nous sommes bien décidés à saisir
ceux qui saisiront. Faisons tous de même dans nos
arrondissements.

— Ça n'est pas une solution, objectaient mes
collègues.

— C'est la seule possible en ce moment, ajou-
tais-je.

— Cependant, nous avons bien fait un décret
sur les loyers?

— Oui, mais ce décret est identique à la solution
que je propose pour les échéances.

Et, comme j'étais tenace aussi, moi, mes collègues m'abandonnaient à mon malheureux sort
en disant : Ce pauvre J.-B., nous n'en ferons
jamais rien !

Les législateurs qui siégeaient à Versailles
avaient, comme on le sait, tranché cette grosse
question à l'aide d'une petite loi, pas commode du
tout, qui avait soulevé les critiques de toute la
presse et une indignation générale dans le monde
des affaires.

La loi versaillaise était aussi scélérate que l'Assemblée qui l'avait votée.

Qu'on en juge; elle inspira au rapporteur de la
Commission d'enquête officielle la réflexion suivante :

« La loi sur les échéances fournit à Paris un

nouveau prétexte d'irritation. Les échéances, fixées au 13 mars, plaçaient une grande partie du commerce de Paris en présence d'une faillite inévitable, c'est-à-dire de la ruine et du déshonneur. »

Les commerçants, gens pratiques, n'y allèrent pas par trente-six chemins; ils protestèrent en se laissant protester, et, en quatre jours, c'est-à-dire du 13 au 17 mars au matin, il y eut, à Paris, de 140 à 150,000 protêts !

Jamais les huissiers ne s'étaient vus à pareille fête.

Si les mécontents, que cette loi atteignait dans leurs intérêts et dans ce qu'on est convenu d'appeler leur honneur, avaient eu le courage de leur opinion, ils étaient assez nombreux pour former, à eux seuls, une armée formidable, devant laquelle Versailles eût bien vite capitulé.

A cette avalanche de papiers timbrés, se rattache une petite scène assez typique que je vais raconter :

Il y avait à peine quelques jours que nous étions installés à la mairie, que de notables commerçants de Montmartre demandèrent à être introduits auprès des membres de la Commune de l'arrondissement pour s'entretenir avec eux au sujet des échéances. Mes collègues Theisz et Vermorel étaient à l'Hôtel-de-Ville, et Dereure à Neuilly. J'étais donc seul pour répondre à ces messieurs. Il vaudrait peut-être mieux, pensai-je, leur donner rendez-vous pour demain et convoquer mes collègues, car, en raison du peu d'importance que j'at-

tache à cette question, il va de soi que je ne
vais guère satisfaire ces honorables protestés, et
qu'ils auront une singulière opinion de la Commune.

Mais ces messieurs entrèrent et, ma foi! comme
ils avaient pris un petit air agressif qui ne me per-
mettait plus la reculade, sous aucun prétexte, je
les fis asseoir, et celui d'entre eux qu'ils avaient
désigné sans doute pour être leur orateur, com-
mença en ces termes :

— Monsieur!...

— Dites citoyen, interrompit sa suite.

— Oh! ça ne fait rien, allez, continuez.

— Citoyen..., reprit-il un peu interloqué, citoyen,
nous venons vous demander si la Commune va
laisser les commerçants de Paris dans la situation
où l'Assemblée de Versailles les a mis avec sa loi
sur les échéances?

— Citoyen, dit son voisin, un cafetier je crois,
qui ressemblait à Jules Ferry, en plus honnête
cependant, c'est bien assez d'avoir compromis
notre honneur national sans encore discréditer
l'honneur du commerce parisien!

— C'est cela! c'est une honte! ajouta un troisième.

— C'est plus que cela! c'est la banqueroute sur
toute la ligne! exclama un quatrième en se frappant la poitrine.

— Citoyens, hasardai-je, je suis, quant à moi,
très heureux de vous voir dans cette bonne disposition d'esprit. Ce que vous me dites des gredins
de Versailles, qui voulaient tous vous faire mettre

en faillite, me prouve suffisamment que vous n'êtes pas de leurs amis.

Ils se regardèrent,

— Et, puisque vous venez demander à la Commune qu'elle réagisse contre les dangers auxquels vous expose la loi sur les échéances, votée par l'Assemblée de Versailles, c'est que, sans nul doute, nous pouvons vous compter au nombre de ses défenseurs...

— Ah! ça, c'est autre chose ! répondit celui qui avait parlé le premier.

— Comment ! c'est autre chose ! ajoutai-je, je prenais, moi, votre démarche pour une adhésion...

— Il ne s'agit pas, ici, de politique! continua-t-il.

— Je le sais bien. Mais, cependant, vous vous adressez à la Commune, gouvernement issu du suffrage universel.

— Oh ! cela ! reste à savoir, exclama l'orateur.

— Comment! reste à savoir ?... Vous comptez donc pour rien les élections du 26 avril ?

— Ça m'est égal, je n'ai pas voté.

— Vous n'étiez peut-être pas à Paris?

— Si fait.

— Et vous n'avez pas voté ?

— Pourquoi faire ?...

— Pourquoi faire?... Et vous venez demander à la Commune de...

— Ah! mais, pardon, citoyen, riposta celui qui ressemblait à Ferry, j'ai voté moi.

— Moi, aussi, ajouta un autre.

— Eh bien, dis-je, sans me préoccuper des protestations de ceux qui prétendaient avoir voté, ce

n'est pas ici que vous devriez être, messieurs. Je
vous engage à vous rendre à Versailles et à obtenir de M. Thiers ce que vous venez demander à la
Commune.

— Cependant, reprit l'orateur, nous sommes à
Paris, nous y demeurons, et nous avons, comme
tous les autres citoyens, le droit de réclamer qu'on
nous protège.

— Monsieur, présentement, on n'a de droits qu'à
la condition qu'on remplisse ses devoirs.

— Je les ai remplis : j'étais dans la garde nationale pendant le siège.

— Eh bien ! messieurs, cela ne suffit pas, il faut
en être maintenant encore.

— Je ne veux pas tirer sur les Français.

— Cependant, messieurs, les Français de Versailles tirent parfaitement sur les Français de
Paris.

— Mais, monsieur, firent-ils, tous, à l'exception
du faux Ferry, qui était le plus finaud, nous avons
des établissements...

— Raison de plus, messieurs, il n'est donc pas
juste de vous faire protéger par ceux qui n'ont
rien.

— Nous avons femme et enfants !... et...

— Les défenseurs de la Commune en ont aussi.

— Mais pour ceux-là, vous avez tout fait.

— Quoi donc ?

— Le décret sur les loyers, par exemple.

— Êtes-vous propriétaires ?

— Non.

— Eh bien, alors, de quoi vous plaignez-vous ?

vous bénéficierez au même titre que les ouvriers du décret sur les loyers.

— Plus souvent !

— Pourquoi?

— Eh, parce que les propriétaires ne l'entendront pas de cette oreille-là.

— Vraiment. Eh bien, s'ils ne l'entendent pas de cette oreille-là, il faudra bien qu'ils l'entendent de l'autre; et, dans tous les cas, si vous croyez que vous ne puissiez rien contre les propriétaires, quoique protégés par un décret de la Commune, je vous demande à quoi servira son intervention entre créanciers et débiteurs ?

— Alors, vous ne voulez rien faire pour les commerçants ?

— Si cela ne dépendait que de moi, monsieur, comme je suis d'avis qu'il faut être avec nous ou contre nous, je ne m'occuperais absolument que des intérêts des bons citoyens qui vont risquer leur vie...

— Et les autres?

— Messieurs, nous avons plusieurs bataillons de Montmartre qui vont se rendre à Neuilly et dans les forts, voulez-vous en faire partie?

— Monsieur, nous sommes venus vous demander ce que vous aviez l'intention de faire relativement aux échéances, mais nous ne venions pas chercher des conseils...

— Eh bien, messieurs, je prends la liberté de vous en donner; quant à la question qui vous amène, je vous dirai, messieurs, que le Comité central et la Commune ont déjà pris des mesures qui annulent les effets de l'ignoble loi sur les échéances votée par les Versaillais.

— Quand cela?

— Vous vivez en plein Paris et vous ne savez pas seulement ce qui s'y passe! tenez, messieurs, voici, à la date du 20 mars, un arrêté du Comité central.

— Oh! le Comité central!...

— Oui, messieurs, du Co-mi-té cen-tral. Lisez: *Prorogation d'un mois des échéances des effets de commerce.* Vous le voyez, ce Comité, composé en grande partie d'ouvriers, n'en a pas moins pensé aux commerçants.

— Mais ça ne suffit pas, ça!

— Attendez, attendez. Voici maintenant l'*Officiel de la Commune,* du 1ᵉʳ avril. Il y a à peine cinq jours qu'ils siègent à l'Hôtel-de-Ville que, déjà, les élus de Paris s'occupent de vous, messieurs les commerçants. Ecoutez:

LA COMMUNE DE PARIS

Considérant l'urgence de résoudre la question des échéances, et désirant prendre à cet égard une décision qui concilie tous les intérêts;

La Commune invite : les Sociétés ouvrières, les Chambres syndicales du commerce et de l'industrie, à faire parvenir par écrit, à la Commission du travail et de l'échange, leurs observations et tous les renseignements qu'ils jugeront utiles avant le 10 avril.

La Commune de Paris.

— Vous voyez, messieurs, qu'on n'agit pas à

l'Hôtel-de-Ville comme à Versailles. L'Assemblée, dont le sinistre Thiers est le plus bel ornement, ne s'est pas donné la peine de vous consulter...

— C'est vrai! interrompit le faux Ferry; c'est très bien, cet appel de la Commune. Je ne le connaissais pas.

— Oui, mais enfin, grommela l'orateur...

— Cela ne vous suffit pas encore? attendez, voici l'*Officiel*, de la Commune, naturellement, et c'est du 12 avril...

— Comment! d'avant-hier? fit l'un d'eux qui, jusqu'ici, n'avait pas plus remué qu'un bonhomme en bois.

— Parfaitement. Je lis :

LA COMMUNE DE PARIS ,

Vu les questions multiples que soulève la loi sur les échéances, à cause des nombreux intérêts auxquels elle touche, et la nécessité d'un examen beaucoup plus approfondi,

ARRÊTE :

Article unique. — Toutes poursuites pour échéances sont suspendues jusqu'au jour où paraîtra au *Journal officiel* le décret sur les échéances.

Paris, le 12 avril 1871.

— Voilà, Messieurs. Maintenant, si vous voulez connaître mon opinion, voici : Je trouve que cet *arrêté* en dit assez, qu'il vous protège suffisamment, et qu'au lieu de perdre bien du temps encore à la Commune pour discuter sur les échéances, nous ferions beaucoup mieux de nous occuper exclusivement de vaincre les Français de Versailles, sur lesquels vous ne voulez pas tirer. Malheureusement, je sais que nous allons avoir quatre ou cinq projets à examiner, et pendant qu'on parlottera pour vous à la Commune, de pauvres diables se feront tuer aux avant-postes.

— Alors, vous dites qu'on va s'occuper de nous? hasarda l'orateur.

— Beaucoup trop, à mon avis, et, quant à moi, j'insisterai pour qu'on s'en tienne à l'*article unique* que je viens de vous lire. Si nous sommes vainqueurs, nous saurons bien résoudre la question des échéances au mieux des intérêts de tous ; si nous sommes vaincus, eh bien, Messieurs, vous vous arrangerez avec vos amis de Versailles...

— Ce ne sont pas nos amis !...

— Mais ce ne sont pas non plus vos ennemis, ripostai-je. Néanmoins, Messieurs, je ferai part de votre démarche à mes collègues ; mais, je vous l'ai dit, ne comptez pas sur moi : Je suis de ceux qui pensent que le 18 Mars a été une échéance que nous devons nous dépêcher de liquider. Si vous voulez nous y aider, la Commission militaire siège ici, venez avec moi, je vous ferai incorporer de suite dans un bataillon, à votre choix.

Sur cette bonne invitation, ils se levèrent. On se salua néanmoins, et, accompagnés par le citoyen Bertrand, de planton à la mairie, ils sortirent en grognant.

Je tiens de source certaine que l'orateur de cette *intelligente* délégation fut un ardent dénonciateur de communeux.

6*

Il y a quelques années, il s'enfuit de Montmartre, après avoir fait faillite, et s'en alla crever
dans son pays.

Il n'a plus à redouter d'échéances !

XXI

TROP DE PROJETS

Quels endormeurs que ces républicains satisfaits,
qui soutiennent que 1789 a supprimé les classes et
que, depuis, tous les hommes sont égaux! Jamais,
au contraire, la guerre sociale ne s'est affirmée
comme aujourd'hui sur le terrain de la lutte des
classes. Ce ne sont même pas les oubliés de la première révolution qui ont porté la guerre sur ce
terrain, ce sont ceux-là même qui en ont eu tous
les bénéfices.

En 1871, la population ouvrière, réduite à la plus
grande pauvreté par un long siège et plus de sept
mois de chômage, attend que l'Assemblée élabore
un décret sur les loyers, favorable au moins aux
nécessiteux. Mais, comme il s'agit là d'une classe
dont ils ont toujours raison à coups de fusil, les législateurs versaillais dédaignent de s'occuper de
cette question des loyers et s'empressent de bâcler
une loi sur les échéances.

Si détestable fût-elle, cette loi n'indiquait pas

moins que les bourgeois à la Dufaure et autres tenaient, avant tout, à s'occuper des intérèts de la classe à laquelle ils appartenaient.

La bourgeoisie moderne n'a qu'un but, et elle le prouve dans tous ses actes : dominer le peuple politiquement et économiquement, et le maintenir par la force au dernier plan.

Le devoir des révolutionnaires n'est-il donc pas tout tracé : Organiser les travailleurs en vue d'un 89 ouvrier.

Les mirmidons de la Commission d'enquète officielle voulurent bien reconnaître que la loi sur les échéances, votée à Versailles, était la ruine et le déshonneur du commerce parisien, mais cela ne les empêche pas d'apprécier ainsi le décret de la Commune :

« D'autres décrets, moins *odieux*, disent-ils, se bornent à bouleverser toutes les notions du droit. L'*Officiel de Paris* du 18, publiait une loi sur les échéances votée à la presque unanimité par la Commune. L'article premier disait : Le remboursement de dettes de toute nature, portant échéance: billets à ordre, mandats, lettres de change, factures réglées, dettes concordataires, etc., sera effectué dans un délai de trois années, à partir du 15 juillet et sans que ces dettes portent intérèt. »

Ainsi cet article premier, inspiré, comme on le voit, par un sentiment de justice, est qualifié d'odieux par ces affranchis de 1789 !

A titre de curiosité, et pour que nos lecteurs puissent comparer, voici un passage de la loi versaillaise :

« Les effets de commerce souscrits avant ou après la loi du 13 août 1870 et venant à échéance après le 12 avril 1871, ne jouiront d'aucune prorogation de délai et seront exigibles d'après les *règles du droit commun.* »

Puis : « Les effets de commerce échus du 13 août au 13 novembre seront exigibles sept mois, date pour date, après l'échéance inscrite aux titres *avec les intérêts depuis le jour de cette échéance.* »

De là, le lendemain, cette avalanche, dans Paris, de 140 à 150,000 protêts!

Eh bien, réellement, avions-nous à nous préoccuper de cette question à la Commune ?

Je dis : non! Le Comité central avait pris une excellente mesure en prorogeant d'un mois les échéances des effets de commerce. La Commune, à son tour, avait parfaitement répondu aux exigences du moment dans son *article unique* interdisant toutes poursuites.

Il fallait en rester là et envoyer à Versailles ou aux avant-postes tous ceux qui ne se seraient pas contentés de cet *article unique*, que je qualifie aujourd'hui d'admirable, comme je l'ai fait en le votant à la Commune.

Mais, bah! on céda aux instances du citoyen Beslay, qui avait conçu le fol espoir d'attirer à la Commune tout le commerce parisien, à l'aide d'une loi plus ou moins raisonnable sur les échéances.

On avait beau lui répéter que les intéressés sauraient bien bénéficier de la loi, mais qu'il n'y en aurait pas un sur cent qui prendrait un fusil pour défendre la Commune. Il ne voulut rien entendre,

et le 11 avril son long projet envahissait le *Journal
officiel* en attendant que les débats sur cette question secondaire vinssent absorber encore quatre
séances.

Ah! citoyens, qu'il était compliqué ce projet! Il
paraît, au dire des hommes ferrés sur la matière,
que la solution en était d'un pratique à nul autre
pareil et d'un scientifique à épater tous les financiers de la création.

Je fis des efforts surhumains pour partager l'enthousiasme de certains de mes collègues et malgré
moi j'en revenais toujours à notre *article unique*
que j'admirais dans sa simplicité.

Le projet Beslay exigeait la création d'un *Comptoir commercial de liquidation,* lequel aurait fonc-
tionné, pour ses opérations, à l'aide de billets, lesquels billets auraient eu des coupures depuis 20
francs jusqu'à 1,000 francs. D'autres effets auraient
été divisés en 24ᵉˢ avec des intérêts de 6 0/0.

Dans le cas de paiement, il est probable qu'on ne
vous aurait pas poursuivi; mais dans le cas de
non paiement, ce qui serait arrivé plus souvent, on
vous eût bel et bien exécuté d'après les moyens en
usage.

En vérité, ce n'était pas la peine d'avoir fait le
18 Mars et d'avoir à notre disposition des soldats
déterminés et d'excellentes mitrailleuses pour en
arriver là.

Vous voyez d'ici le nombre incalculable d'employés qu'eût exigé ce Comptoir *commercial de
liquidation,* qui ne liquidait rien du tout; puis, tous
ces pauvres diables à tricorne allant à domicile

relancer les malheureux débiteurs, et, enfin, toute cette armée d'huissiers sinistres lançant des protêts, opérant des saisies et tout le bataclan, et au compte de qui? au compte du gouvernement issu de la Révolution du 18 Mars!

Eh bien, quoique jeunes, et peut-être même à cause de cela, nous dûmes subir les volontés du doyen de la Commune, délégué à la Banque, et, qui plus est, en passer par la discussion de son projet et de cinq autres par-dessus le marché!

Je prévins les citoyens de Montmartre que, tout dévouement ayant des bornes, il se pourrait bien que je n'eusse pas le courage d'assister à toutes les séances où l'on discuterait les projets sur les échéances, et j'obtins d'eux le droit absolu de faire l'école buissonnière, si je le jugeais convenable.

On ne saurait se faire une idée aujourd'hui de l'importance qu'on attachait alors à cette maudite question.

Chaque journal avait tenu à honneur de rédiger son petit projet. Le ban et l'arrière-ban des économistes avaient donné. Le citoyen Jules Mottu, l'ancien maire du XIᵉ arrondissement, avait, comme les camarades, préparé un long projet de loi, qui n'était ni pire ni meilleur que ceux de mes collègues.

Les débats s'ouvrirent le 13 avril, mais vu l'heure avancée, l'importance de la discussion et le grand nombre d'orateurs inscrits, on s'en tint à nommer une commission chargée d'examiner les diverses propositions soumises à la Commune et relatives

aux échéances des effets de commerce *restés en
souffrance.*

Je votai pour la nomination de cette commmis-
sion, mais en faisant remarquer qu'il y avait actuellement bien autre chose que les effets de commerce qui restait en souffrance.

En vérité, on aurait cru que le salut de la Révolution et de l'humanité reposait tout entier sur la
solution qu'on allait donner à cette question.

Aussi, quel spectacle douloureux pour l'homme
qui entendait le canon gronder au fort de Vanves
et en même temps les discours qu'on prononçait à
l'Hôtel-de-Ville!

Et pendant plusieurs jours, on ne s'y occupa que
de finances, que de coupons, que de billets, que
d'intérêts à payer, que de menaces à l'adresse de
ceux qui ne feraient pas *honneur à leur signature,* comme on dit dans le monde des affaires.

Il n'y a pas à en douter, si les séances de la
Commune eussent été publiques, le peuple eût car-
rément tranché la question des échéances en nous
faisant passer par les fenêtres, nous et nos projets.

XXII

CANONNADES ET DISCOURS

Les 13, 14 et 15 avril, ça chauffait sur toute la ligne, on se canardait entre fédérés et Versaillais à une demi-portée de fusil en avant des forts. Les rapports des citoyens Eudes et La Cécilia, quoique rassurants, n'en constataient pas moins l'audace de l'ennemi, corrigée, il est vrai, par l'intrépidité de leurs soldats-citoyens.

De son côté, le citoyen Ledrux, qui commandait le fort de Vanves avec beaucoup d'énergie et de sang-froid, rapportait que les 86ᵉ et 163ᵉ bataillons, assez éprouvés dans les derniers combats, avaient besoin d'être relevés ; qu'en outre, les fédérés ayant cessé le feu pour permettre aux Versaillais de ramasser leurs morts, en avaient été récompensés par une décharge à bout portant.

Et pendant que les sans-le-sou qui défendent la Commune, se font crânement trouer la peau, on s'occupe à l'Hôtel-de-Ville de sauver la caisse des commerçants, qui restent tranquillement chez eux ou conspirent contre nous.

Le 14, la séance est ouverte à trois heures. Le citoyen Billioray préside, assisté du citoyen Vallès.

Avant même de donner lecture du traditionnel

procès-verbal, le président communique à l'assemblée une dépêche du citoyen Cluseret :

GUERRE A COMMUNE

Rapport militaire

L'ennemi a attaqué à minuit le fort de Vanves et a été repoussé à une heure ; tout est calme.

Et comme toujours, succès pour nous sans même relater le nombre de nos morts et de nos blessés.

Naturellement, ce rapport fut salué par les cris de : Vive la Commune ! — L'ordre du jour appelle la suite de la discussion des échéances, dit le président.

— Espérons que ça va sentir un peu la poudre, soufflai-je à Vallès, que la question des effets de commerce n'enthousiasmait pas plus que moi.

Le citoyen Lefrançais, au nom de la commission chargée d'examiner les différents projets, donne lecture de son rapport. Il conclut au rejet des projets des citoyens Beslay et Tridon, et se prononce pour l'acceptation du projet du citoyen Jourde.

Le brave père Demay, demande qu'on s'occupe aussi de la situation des endosseurs.

En revanche, on ne devait guère s'occuper de lui plus tard, car vieux et ne trouvant plus de travail, sans en rien dire à personne, il végète, se débat, souffre la faim pendant plusieurs années, et finit, comme bien des révolutionnaires et des *scélérats* de la Commune, par mourir de misère à Belleville en 1884... Pauvre père Demay !...

Le citoyen Parisel fait la critique des projets Jourde et Beslay, et se déclare favorable au projet Tridon.

Les citoyens Billioray, Grousset et Lefrançais ripostent. Le citoyen Jourde cherche à démontrer que son projet est le seul capable de rétablir les relations sociales.

En attendant, les gens de Versailles cherchaient à les rétablir à coups de canon.

Le citoyen Beslay s'étend longuement sur les avantages de son projet, et nous bombarde de combinaisons à n'en plus finir : ce ne sont qu'intérêts à 3 et 6 0/0, division des créances, coupures, etc., etc.

En fait de coupures, disons-nous à quelques-uns, à Vanves, en ce moment, on fait de rudes entailles dans la peau des fédérés.

Le citoyen Beslay, en homme sincère, je le reconnais, ne se laisse pas décourager pour si peu, il dit que son projet est socialiste et le considère comme un premier pas de fait vers la liquidation sociale. Seulement, on se demande combien il aurait fallu faire de pas comme celui-là pour y arriver ? Les huissiers devaient bien rire !

Le citoyen Allix soutient le projet Tridon, que la commission repousse parce qu'il a le défaut de laisser les débiteurs et les créanciers s'arranger comme ils l'entendront.

Et, c'était l'excellente raison qui me faisait le préférer à tous les autres.

Le citoyen Frankel, qu'aucun projet ne satisfait, demande le renvoi de la discussion !

— A quand ? demande le président.

— A demain, ajoute Frankel.

— Aux calendes grecques, riposte Ferré.

On continue à se larder aux avant-postes, le citoyen Cluseret envoie un rapport à la Commune
où il est dit :

« A droite, la lutte a continué très acharnée. Les
zouaves pontificaux sont définitivement entrés en
ligne avec les gendarmes et les sergents de ville.
Ils ont été cernés dans l'église de Neuilly, où il y a
eu lutte terrible et combat corps à corps. »

C'est ce jour-là que le jeune citoyen Leullier, âgé
de seize ans, grimpait au sommet de l'église et,
sous une pluie de mitraille, y arborait le drapeau
rouge des fédérés, en criant : Vive la Commune !...

. . . .

A l'ouverture de la séance du 15, le citoyen
Demay signale le trafic honteux qui se fait sur les
passe-ports, et dont nous avions à souffrir à Montmartre, plus que partout ailleurs, puisque c'était
dans cet arrondissement que se trouvaient les deux
portes par lesquelles seulement on pouvait alors
entrer dans Paris et en sortir. Ferré en prend note
et s'engage à sévir contre les coupables.

On nous donne lecture des nouveaux échecs
subis par les Versaillais, et l'on passe à la suite de
la trop fameuse discussion sur les échéances.

Le citoyen Beslay, qui avait le sentiment de la
paternité très développé, reprend la défense de son
projet.

Tridon défend le sien, appuyé par les citoyens Regère, Allix et Parisel.

Varlin et Malon croient à la nécessité des *coupures*, seules capables de garantir les commerçants.

A ce moment,Grousset demande la parole pour une motion d'ordre.

— Le citoyen Eudes, dit-il, est présent, il pourrait peut-être nous donner quelques renseignements sur l'attaque des Versaillais contre le fort de Vanves.

Ces paroles produisent l'effet d'un obus qui éclate.

La Commune se forme en comité secret, et l'on entend le citoyen Eudes qui, tout en constatant la bonne attitude des fédérés et les succès remportés sur les Versaillais, demande que nous ne nous endormions pas sur nos lauriers et qu'on se hâte de prendre des mesures énergiques en vue des événements militaires qui se préparent.

La discussion reprend le 16. Mais, avant l'ouverture des débats, le citoyen Avrial fait une proposition : Il demande qu'il y ait incompatibilité entre les fonctions de membre de la Commune et de chef de légion.

La proposition est adoptée.

A son tour, le citoyen Lefrançais demande que l'on accorde aux citoyennes des gardes nationaux disparus la solde des gardes nationaux faisant partie des compagnies de marche ; au lieu de l'adopter par acclamation, on se met à discuter cette excellente proposition. Le citoyen Champy qui, avant tout, ne consulte que son cœur, se prononce pour. Les citoyens Ostyn, Rastoul, Langevin et Jourde prennent successivement la parole et l'on passe ensuite purement et simplement à l'ordre du jour.

On décide seulement d'accorder quelques secours aux citoyennes dont les maris auraient disparu, mais on tient à ne pas se lier par un décret.

C'était à en éclater de colère, car alors qu'on refusait de se lier par un décret, en faveur de citoyennes aussi intéressantes, on n'allait pas hésiter à consacrer encore de longues séances à la discussion d'un décret favorable aux intérêts de tant de commerçants hostiles à la Commune, et qui se hâtèrent, aussitôt la rentrée des Versaillais dans Paris, d'arborer le drapeau tricolore et de dénoncer les communeux à la fureur des vainqueurs ivres.

Le citoyen Parisel dépose une proposition qui consiste à suspendre toutes poursuites pour échéances pendant la durée de la guerre et trois mois après.

C'est la réédition de notre admirable *article unique* du 12 avril. Je l'appuie de toutes mes forces. Vermorel se joint à nous, et de plus insiste pour l'ajournement de la loi après la fin de la guerre.

Le citoyen Langevin s'oppose à la discussion de ce projet, la Commune ayant prononcé la clôture de la discussion générale.

Nous applaudissons à ces bonnes paroles.

Néanmoins, le citoyen Jourde revient à la charge,

il repousse le projet Tridon, parce qu'il conclut à la liquidation.

Le citoyen Assi, qui avait eu le bon esprit de ne pas se mêler encore aux débats, se révèle financier en exhibant, à son tour, un projet qu'il aurait mieux fait de garder dans sa poche.

Les citoyens Malon, Fortuné, Rastoul émettent des avis différents.

Le citoyen Billioray, qui se calme à mesure que les débats s'accentuent, n'est plus partisan d'une liquidation trop brutale.

Et pendant ce temps, le canon gronde à Vanves et à Neuilly, où l'on s'explique assez brutalement entre fédérés et Versaillais.

Une extrême lassitude envahit l'assemblée, Arthur Arnould, qui préside, lance des regards suppliants à ses collègues; le citoyen Gambon, en sa qualité d'assesseur, fait tous ses efforts pour dissimuler son impatience; pour un instant, il se croit à l'Assemblée de Versailles. Nous le rappelons à temps au sentiment de la réalité, en demandant à plusieurs la clôture définitive de la discussion générale.

L'auteur d'un projet proteste avec des accents de paternité qui ne nous émeuvent plus.

Nous crions : Assez ! Assez !

Enfin la voix des profanes est entendue. On vote et la clôture est adoptée.

Ouf !

Et cependant ce n'est pas fini. L'ordre du jour du 17 appelle encore la suite de la discussion.

Le projet Jourde est mis aux voix article par article.

Le citoyen Grousset propose un amendement tendant à ce que les remboursements soient effectués en trois ans au lieu de deux.

Le citoyen Jourde s'y oppose. Il dit que son projet a pour but de donner satisfaction aux intérêts commerciaux, qu'il a déjà obtenu l'adhésion d'un grand nombre de commerçants.

Il est encore question de coupures, et enfin le projet Jourde est adopté avec quelques amendements, à l'unanimité moins 7 voix.

Ainsi se terminèrent ces inutiles et pitoyables débats qui absorbèrent cinq séances de la Commune.

La solution de cette question si secondaire, par rapport à l'état de guerre où nous étions alors, provoqua l'enfantement laborieux de six projets, tous reconnus par leur père, et dont voici les noms : Les citoyens Beslay, Jourde, Tridon, Parisel, Assi; le sixième, né de la commission, eut pour père adoptif le citoyen Lefrançais.

Nos lecteurs comprendront qu'il m'est impossible de reproduire ici tous ces projets, je crois même qu'ils m'en sauront gré. Du reste, les citoyens qui désireraient les connaître *in-extenso*, n'ont qu'à consulter le *Journal Officiel de la Commune* des 11, 15, 17 et 18 Avril.

Ici il suffit d'en exhiber un seul, celui du citoyen Tridon parce qu'il est court, et répondait suffisamment aux exigences de la situation sans engager l'avenir.

PROJET TRIDON

La Commune, considérant que le commerce doit être fondé sur la confiance et la bonne foi réciproques ;

Que c'est rabaisser les négociants que d'introduire dans leurs rapports les agissements judiciaires ;

Que tout délai ou division de paiement ne fera que reproduire la même gêne, et qu'il importe de déblayer le terrain pour faire refleurir le commerce et l'industrie ;

LA COMMUNE DÉCRÈTE :

1° Toute poursuite pour effet de commerce est suspendue pendant trois ans ;

2° Un comptoir spécial sera fondé sous les auspices de la Commune pour servir d'intermédiaire entre les divers intéressés.

Etant donné qu'il fallait voter quelque chose, ce projet me satisfaisait provisoirement. De cette façon, pas de poursuites, pas de papier timbré, pas d'huissier ! Et, puisque les commerçants se prétendaient tous dans la même situation, ils devaient avoir tous le même intérêt à se ménager et à s'entendre entre eux.

Nous ne fûmes que sept à la Commune qui le comprirent ainsi.

Le 18 avril, le décret sur les échéances paraissait en tête du *Journal Officiel*, et le jour même les journaux, et, avec eux, bon nombre de notables commerçants de Paris, nous traitaient d'ignorants et d'énergumènes.

Et nous ne l'avions pas volé !

XXIII

LES ÉLECTIONS DU 26 MARS

Jamais élections ne se firent dans de pareilles conditions. L'affreux petit Thiers, qui se démenait, comme une fouine prise au piège, pour qu'elles n'eusent pas lieu, était habilement secondé à Paris par les ennemis avoués de la Révolution et par ceux qui, tout en s'en déclarant partisans, mettaient tout en œuvre pour en enrayer le mouvement, dans l'espoir, disaient-ils, d'une réconciliation entre Paris et le gouvernement de Versailles.

Les réactionnaires, amis de la légalité, lorsqu'elle ne nuit pas à leurs intérêts, ne pouvaient admettre que le Comité central eût qualité pour convoquer les électeurs et les appeler à élire quatre-vingt-dix membres de la Commune.

Dans les nombreux groupes qui se formaient sur les grands boulevards, à l'entrée du faubourg Montmartre, place de Notre-Dame-de-Lorette, dans le IIᵉ arrondissement, et où brillait la fine fleur de la réaction, on commentait l'audace du Comité central, qui s'arrogeait le droit de décréter des élections; et les orateurs du trottoir, coulissiers en rupture de Bourse, avocats sans causes, journalistes sans canards, haranguaient la foule et déclaraient que tout citoyen qui avait du sang français dans les veines le prouverait en n'allant pas voter.

L'avant-veille des élections, les fanfaronnades des clubistes en plein vent prirent même des proportions donquichottiennes. Profitant d'un instant où les groupes de la place Notre-Dame-de-Lorette étaient aussi animés que nombreux, l'un deux eut l'imprudence de brailler: « Ah! s'il y avait seulement à Paris une centaine de gaillards de ma trempe, nous irions reprendre les canons qui sont sur les buttes et nous remettrions les Montmartrois à la raison! »

Et pour prouver qu'il n'avait pas froid aux yeux, il proposa qu'on s'y rendît séance tenante.

Voyez-vous ça!

Oui, oui, mais ces malheureux tartempions de la décadence avaient compté sans les vrais gars à poils qui descendaient tous les soirs de Montmartre pour les surveiller et leur flanquer quelques bons coups de godillot au derrière s'ils s'avisaient de lever la patte un peu trop haut.

Justement, ce soir-là, une bonne *gueule noire* de la Butte, que toutes ces bravades commençaient à impatienter, faisait sa tournée dans les groupes. Ce ne fut pas long, il empoigna par les flancs une espèce de grand escogriffe à lorgnon qui se flattait d'avoir servi dans les cuirassiers et d'arranger, à lui seul, une douzaine de fédérés.

— Eh bien, tant qu'il n'y aura que des fausses-couches comme toi pour nous empêcher de manger notre soupe, là-haut, lui dit la bonne *gueule noire* en le secouant comme un prunier, nous ne nous coucherons pas sans souper, va !

Et comme c'était une vraie paire d'étaux que notre mécanicien avait au bout des bras, le grand e ogriffe ne chercha même pas à se défendre. Il trouva plus crâne de crier : A la garde !

— Je vas t'en fiche des : A la garde ! ajouta notre gars ; et lui faisant faire une pirouette : Maintenant, débine-toi ! ou je te reconduis, moi, et ça ne sera pas long.

Le mangeur de fédérés ne se le fit pas répéter, il s'éloigna accompagné par les huées de la foule et suivi d'une dizaine de gamins qui se mirent à lui chanter :

> V'la c' que c'est,
> C'est bien fait,
> Fallait pas qu'y aille !

— Bien travaillé ! dis-je au camarade.

— Ah ! c'est vous, citoyen ?

— Oui, oui, nous sommes deux.

— Ah ! ben, vous voyez, c'est pas la peine. Ça fait les malins et ça ne vaut pas seulement une claque.

Ce soir-là les réacs se le tinrent pour dit ; ils vidèrent la place et s'en allèrent pérorer ailleurs.

— Je reviendrai demain soir, dit la gueule noire, et nous remontâmes tout doucement la rue des Martyrs.

Je ne me faisais jamais tant de bon sang que quand je voyais un de ces godelureaux proprement houspillé par un ouvrier.

La presse, sur laquelle j'aurai à revenir, n'était pas moins hostile aux élections ; le 22 mars, 28 journaux adressaient une déclaration collective aux électeurs de Paris, dans laquelle il les engageaient à considérer comme nulle et non-avenue la convocation du Comité central et à ne pas prendre part au vote.

Néanmoins, à la suite d'une réunion assez orageuse tenue à la mairie du IIᵉ arrondissement, le 25 mars, la veille même des élections, les maires et les adjoints de Paris se ravisèrent ; et, sous le prétexte d'éviter la guerre civile et l'effusion du sang, se décidèrent à convoquer par affiches, pour le lendemain dimanche, tous les citoyens dans leurs collèges électoraux. Ils faisaient même un appel pressant au patriotisme des habitants de Paris « pour qu'ils vinssent tous au vote et que les élections eussent le caractère sérieux qui, seul, pouvait assurer la paix dans la cité ».

Le samedi soir, il n'était question dans les groupes des IXᵉ et IIᵉ arrondissement que de la grande trahison des maires et des adjoints : la réaction prétendait qu'ils avaient passé à l'insurrection, que Paris n'était plus tenable, et qu'il fallait l'abandonner à son malheureux sort.

Certains protestaient contre cette désertion et disaient qu'au contraire, il fallait rester sur la brèche pour tenir tête à la *canaille !*

D'autres ajoutaient qu'avant huit jours l'opinion publique aurait fait justice des brigands de l'Hôtel-de-Ville, et qu'on pourrait alors les livrer pieds et poings liés à la justice du pays !

La vérité est que ces gens-là avaient des coliques atroces et une peur à en attraper la jaunisse.

La conduite du Comité central était irréprochable.

Fidèle à ses promesses et, ne voulant pas qu'on pût lui supposer la moindre ambition, il pressait les élections pour remettre au plus vite, entre les mains des élus du suffrage universel, les pouvoirs que les événements l'avaient obligé de prend.e.

La proclamation qu'il fit apposer sur les murs de Paris le matin du 26 mars en est la preuve. Elle est superbe, et c'est bien ainsi qu'on devait parler au peuple en ces temps de fièvre et de misère! Je vais la reproduire ; elle en vaut bien la peine :

Citoyens,

Notre mission est terminée. Nous allons céder la place dans *votre* Hôtel-de-Ville, à vos nouveaux élus, à vos mandataires réguliers.

Aidés par votre patriotisme, votre dévouement, nous avons pu mener à bonne fin l'œuvre difficile entreprise en votre nom.

Merci de votre concours persévérant; la solidarité n'est plus un vain mot ; le salut de la République est assuré.

Si nos conseils peuvent avoir quelque poids dans vos résolutions, permettez à vos plus zélés serviteurs de vous faire connaître, avant le scrutin, ce qu'ils attendent du vote d'aujourd'hui.

Citoyens,

Ne perdez pas de vue que les hommes qui vous serviront le mieux, sont ceux que vous choisirez parmi vous, vivant de votre propre vie, souffrant des mêmes maux.

Défiez-vous autant des ambitieux que des parvenus ; les uns comme les autres ne consultent que leur propre intérêt et finissent toujours par se considérer comme indispensables.

Défiez-vous également des parleurs incapables de passer à l'action. Ils sacrifieront tout à un discours, à un effet oratoire ou à un mot spirituel.

Evitez également ceux que la fortune a trop favorisés, car, trop rarement, celui qui possède la fortune est disposé à regarder le travailleur comme un frère,

Enfin, cherchez des hommes de convictions sincères, des hommes du peuple, résolus, actifs, ayant un sens droit, une honnêteté reconnue. Portez vos préférences sur ceux qui ne brigueront pas vos suffrages. C'est aux électeurs à connaître leurs hommes et non à ceux-ci à se présenter.

Nous sommes convaincus que si vous tenez compte de ces observations, vous aurez inauguré la véritable représentation populaire, vous aurez trouvé des mandataires qui ne se considèreront jamais comme vos maîtres.

Hôtel-de-Ville, 25 mars 1871.

Il y avait foule à Montmartre devant ces affiches. On les commentait et on applaudissait.

En effet, ce langage et ces conseils étaient honnêtes et digne des hommes qui, dès le 20 mars, avaient dit au peuple :

« Nous, chargés d'un mandat qui faisait peser sur nos têtes une terrible responsabilité, nous l'avons accompli sans hésitation, sans peur, et dès que nous voici arrivés au but, nous disons au peuple qui nous a assez estimés pour écouter nos avis, qui ont souvent froissé son impatience :
« Voici le mandat que tu nous a confié. Là où notre

intérêt personnel commencerait, notre devoir finit;
fais ta volonté. Mon maître, tu t'es fait libre.
Obscurs il y a quelques jours, nous allons rentrer dans tes rangs et montrer aux gouvernants
que l'on peut descendre, la tête haute, les marches de *ton* Hôtel-de-Ville, avec la certitude de
trouver au bas l'étreinte de ta loyale et robuste
main ».

Au grand désespoir de la clique réactionnaire et
cléricale, les élections se firent avec un entrain et un
calme admirables : plus de 140,000 électeurs prirent
part au vote et portèrent leurs suffrages sur 311
noms.

L'opinion populaire se manifesta d'une façon
éclatante. Les politiciens de toute nuance furent
rejetés dans le cinquième dessous. On vota pour
Blanqui dans quinze arrondissements ; et il fut élu
à Montmartre par 14,953 voix.

En revanche, Louis Blanc, Victor Hugo et autres
n'obtenaient que quelques milliers de voix dans
trois ou quatre arrondissements seulement. Dans
le XVIII° où M. Clémenceau avait exercé les fonctions de maire, les citoyens Blanqui, Theisz, Dereure, J.-B. Clément, Théophile Ferré, Vermorel,
Pascal Grousset, tous les sept élus, obtenaient de
13 à 15,000 voix, et M. Clémenceau 752 seulement.

Après un pareil échec, on était loin de prévoir
que l'ancien maire de Montmartre en deviendrait
un jour le Grand-Electeur. Il fallut, pour cela, que
quelques hommes consentissent à accepter pendant soixante-douze jours de bien lourdes responsabilités et que, la Commune défaite, mais non

vaincue, ses défenseurs, fussent massacrés, en Ca-
lédonie et en exil.

Seulement, depuis deux ou trois ans, et malgré
les malices cousues de fil blanc du fameux scrutin
de liste, à l'aide duquel on a voulu se soustraire
aux inconvénients des réunions publiques électorales et des comptes-rendus de mandat, l'opinion
des travailleurs s'est tellement modifiée à Montmartre, qu'il n'est pas difficile de prévoir que M.
Clémenceau en reviendra avant peu à ses 752 voix
du 26 mars 1871.

FIN DU PREMIER VOLUME

TABLE

CHAPITRE PREMIER

AUX COMBATTANTS DE 1871

CHAPITRE II

ENQUÊTE PARLEMENTAIRE

Paris. — Imprimerie Rousset et Cie, 19, faubourg St-Denis.

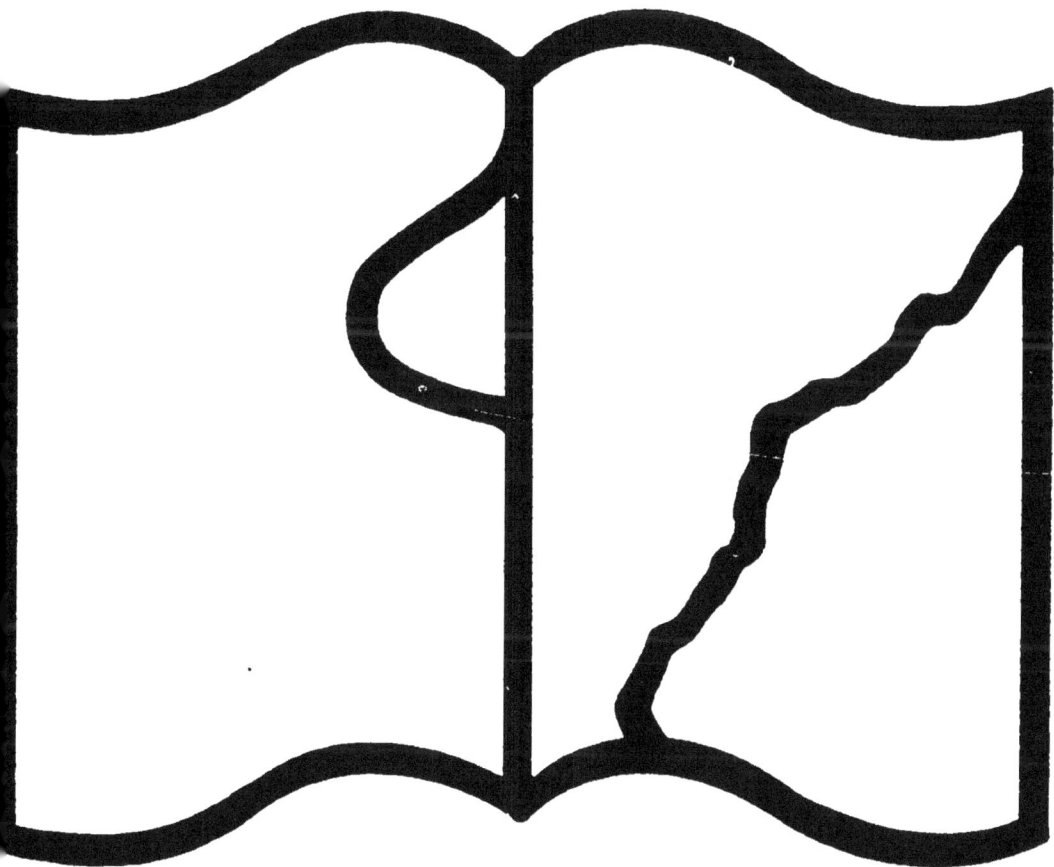

Texte détérioré — reliure défectueuse

NF Z 43-120-11

www.ingramcontent.com/pod-product-compliance
Lightning Source LLC
Chambersburg PA
CBHW070613100426
42744CB00006B/466